◎ 湖南省自然科学基金面上项目（2023JJ30105）

◎ 湖南省教育厅科学研究项目重点项目（23A0671）

◎ 湖南省社会科学成果评审委员会一般资助课题（XSP22YBZ181）

公共品自愿供给合作行为及实验研究

Research on the Behavior and Experiment of Voluntary Supply Cooperation of Public Goods

□ 廖玉玲 著

中国矿业大学出版社

China University of Mining and Technology Press

·徐州·

图书在版编目（CIP）数据

公共品自愿供给合作行为及实验研究 / 廖玉玲著 .

徐州：中国矿业大学出版社，2025. 6. — ISBN 978-7

-5646-6620-0

Ⅰ. F062.6

中国国家版本馆 CIP 数据核字第 2025YX9144 号

书　　名	公共品自愿供给合作行为及实验研究	
	Gonggongpin Ziyuan Gongji Hezuo Xingwei ji Shiyan Yanjiu	
著　　者	廖玉玲	
责任编辑	徐　玮	
出版发行	中国矿业大学出版社有限责任公司	
	（江苏省徐州市解放南路 邮编 221008）	
营销热线	(0516)83885370　83884103	
出版服务	(0516)83995789　83884920	
网　　址	http://www.cumtp.com　E-mail: cumtpvip@cumtp.com	
印　　刷	湖南省众鑫印务有限公司	
开　　本	710 mm×1000 mm　1/16　印张 10.5　字数 157 千字	
版次印次	2025 年 6 月第 1 版　2025 年 6 月第 1 次印刷	
定　　价	76.00 元	

（图书出现印装质量问题，本社负责调换）

廖玉玲　博士，湖南财政经济学院副教授，湖南省湖湘青年英才，湖南省高校青年骨干教师，湖南师范大学访问学者。主要从事组织行为与决策、企业管理与实验经济等领域研究。主持国家社会科学基金项目、湖南省自然科学基金项目等9项科研课题；在《中国软科学》《中国管理科学》《系统工程理论与实践》等重要期刊发表研究论文30余篇，出版学术专著1部。

前　言

　　传统经济学经典理论预测，如果每个社会成员都从理性经济人的自利动机出发，公共品自愿供给会趋于枯竭。而大量事实显示，人们并非像理论预测那样必然选择搭便车。这种传统理论与社会现实之间的差距可以从两方面进行解释，一方面，人们在现实生活中存在不同社会偏好，如互动公平偏好、利他偏好、参考依赖偏好、损失规避偏好等。这就意味着公共品供给决策中集体成员的搭便车动机是有限的，而出于不同社会偏好的动机，集体成员会自愿供给一定水平的公共品。另一方面，在公共品供给博弈中，人们依靠声誉机制、群体选择机制、惩罚机制等各种社会机制可以维持合作。其中，惩罚机制被越来越多的学者认为是可以达成合作的有效机制。如果公共品自愿供给合作行为高度依赖于个体决策者的博弈策略行为，那么，不同社会偏好对个体决策者自愿供给行为是否有显著影响，以及产生何种影响？何种惩罚机制适合引入到此公共品博弈中？仅考虑惩罚因素的影响，公共品自愿供给合作会取得良好效果吗？这些有意义的问题值得我们深究。

　　生态环境保护作为一种特殊的公共品，是关系民生的重大社会问题。党的二十大报告对"推动绿色发展，促进人与自然和谐共生"进行了部署，强调"尊重自然、顺应自然、保护自然，是全面建设社会主义现代化国家的内在要求。必须牢固树立和践行绿水青山就是金山银山的理念，站在人与自然和谐共生的高度谋划发展"。企业作为生产活动主体，应当依法承担环保责任。本书主要以企业环保投资合作作为一种典型的公共品背景，针对公共品自愿供给不足的社会合作现实问题，开展公共品自愿供给合作的行为演化、影响机制及政策研究。本书创新性地融入行为博弈视角下主体组合性偏好策略互动均衡的一种组合性均衡思想，梳理公共品自愿供给合作行为的博弈模型以及设计该模型不同类别的博弈实验研究，利用行为科学实验和计算机仿真实验相结合的两种研究方法来模拟公共品自愿供给合作过程，进行惩罚机制下的公共自愿供给合作行为及其实验研究。

本研究发现，社会成员具有组合性特征的社会偏好，利他偏好和互动公平偏好会对其公共品自愿供给产生显著正向影响。同时，集中式惩罚的引入能有效促进社会成员之间的合作，不仅能提高了个体自愿供给水平，而且能提高群体合作水平和合作成功率。进一步，本研究发现参考依赖特性带来的策略互动能有效促进公共品自愿供给合作，且在特定条件下集中式惩罚机制的引入会出现一个惩罚力度的最优阈值，使得集体利益最大化。最后，本研究提出，在公共品自愿供给合作过程中，应倡导良性互动的多方共同参与原则、引入适当惩罚力度的监督机制、构建行为干预导向的公共治理模式的政策建议。本书拓宽了博弈理论及演化理论方面的研究视野，对实验经济学及演化经济学等研究具有重要的学术应用价值，对促进现实生活中的公共品自愿供给合作以及公共政策的设计具有较大的实践指导意义。

本书相关研究内容得到下列项目的资助：湖南省自然科学基金面上项目（2023JJ30105）、湖南省教育厅科学研究项目重点项目（23A0671）；湖南省社会科学成果评审委员会一般资助课题（XSP22YBZ181）。衷心感谢洪开荣教授、宋美喆副教授、曾理宁副教授、高级经济师张亮等，他们在本书的撰写和出版过程中提供了许多有益建议和帮助。同时，感谢与著者长期以来合作交流的学者和管理人员的大力支持。再次感谢为本书撰写和提供帮助的所有人。

目　录

第1章　导论 ……………………………………………………………… 1

1.1　研究背景 …………………………………………………………… 1

1.2　研究目的及意义 …………………………………………………… 4

　　1.2.1　研究目的 …………………………………………………… 4

　　1.2.2　研究意义 …………………………………………………… 5

1.3　研究方法 …………………………………………………………… 7

　　1.3.1　行为科学实验方法 ………………………………………… 7

　　1.3.2　计算机仿真实验方法 ……………………………………… 9

　　1.3.3　实验数据的非参数检验方法 ……………………………… 10

1.4　研究思路及内容 …………………………………………………… 12

　　1.4.1　研究思路 …………………………………………………… 12

　　1.4.2　研究内容 …………………………………………………… 16

1.5　创新之处 …………………………………………………………… 17

第2章　相关理论基础 …………………………………………………… 21

2.1　公共品及其供给机制 ……………………………………………… 21

　　2.1.1　公共品的内涵 ……………………………………………… 21

　　2.1.2　公共品的供给机制 ………………………………………… 22

2.2　社会偏好 …………………………………………………………… 24

　　2.2.1　社会偏好的内涵 …………………………………………… 24

　　2.2.2　异质性社会偏好 …………………………………………… 25

2.2.3 公共品自愿供给合作中的组合性社会偏好 ·········· 26

2.3 惩罚机制 ·· 27

2.3.1 不同惩罚执行主体的惩罚机制 ··············· 27

2.3.2 不同惩罚权力的惩罚机制 ····················· 29

2.4 组合性均衡 ······································· 30

2.4.1 互动公平均衡及其实验研究 ················· 31

2.4.2 利他均衡及其实验研究 ······················· 33

2.4.3 参考依赖与损失规避均衡及其实验研究 ······· 34

第3章 公共品自愿供给合作演化相关研究 ·················· 39

3.1 公共品自愿供给合作演化难题及其脆弱性 ········· 39

3.1.1 公共品自愿供给合作演化难题 ··············· 39

3.1.2 公共品自愿供给合作的脆弱性 ··············· 41

3.2 公共品自愿供给合作的有效机制 ··················· 42

3.2.1 公共品博弈实验中的有效机制 ··············· 42

3.2.2 惩罚机制与合作演化 ························· 44

3.3 惩罚机制下的合作演化博弈与仿真研究 ··········· 48

3.3.1 演化博弈的基本思想 ························· 49

3.3.2 个体异质性和策略更新对合作演化的影响 ······· 50

3.3.3 惩罚机制下合作演化模型与仿真 ············· 52

第4章 公共品自愿供给行为相关博弈模型 ·················· 57

4.1 公共品博弈中的演化博弈模型 ····················· 57

4.1.1 关于公共品博弈的收益函数 ················· 57

4.1.2 关于策略更新和策略突变的演变过程 ········· 57

4.2 考虑惩罚机制的公共品博弈模型 ··················· 59

4.2.1 联合惩罚下的空间公共品博弈模型 ··········· 60

4.2.2　一阶惩罚和二阶惩罚下的公共品博弈模型 ················· 61

4.3　组织内公共品自愿供给的行为博弈模型 ·················· 63

4.3.1　私人自愿供给公共品模式 ················· 64

4.3.2　模型构建及分析 ················· 65

第5章　公共品自愿供给合作的行为科学实验 ················· 71

5.1　引言 ················· 72

5.2　异质性偏好与惩罚机制 ················· 73

5.3　行为科学实验设计 ················· 75

5.3.1　被试对象选取 ················· 75

5.3.2　实验与现实一致性设计 ················· 75

5.3.3　实验变量描述 ················· 76

5.3.4　实验流程设计 ················· 77

5.4　行为科学实验结果分析 ················· 79

5.4.1　组合性社会偏好 ················· 79

5.4.2　单个企业资源投资分布与集中式惩罚 ················· 82

5.4.3　企业小组资源投资分布与集中式惩罚 ················· 83

5.4.4　组合性社会偏好和集中式惩罚的检验 ················· 86

5.5　本章小结 ················· 89

第6章　公共品自愿供给合作的计算机仿真实验 ················· 91

6.1　引言 ················· 91

6.2　组合性均衡的演化博弈模型 ················· 94

6.2.1　无集中式惩罚机制下的博弈模型 ················· 94

6.2.2　集中式惩罚机制下的博弈模型 ················· 96

6.2.3　参考依赖下的策略互动规则 ················· 96

6.3　计算机仿真实验及结果分析 ················· 98

6.3.1　计算机仿真实验流程 ·· 98

6.3.2　计算机仿真结果分析 ·· 98

6.4　本章小结 ·· 104

第7章　研究结论与政策含义 ·· 107

7.1　研究结论 ·· 107

7.2　政策含义 ·· 109

7.2.1　倡导良性互动的多方共同参与原则 ···················· 109

7.2.2　引入适当惩罚力度的监督机制 ·························· 110

7.2.3　构建行为干预导向的公共治理模式 ···················· 111

7.3　研究展望 ·· 112

参考文献 ··· 113

附录 ··· 143

一、行为科学实验附录 ·· 143

附录1　行为科学实验部分程序 ···································· 143

附录2　个人信息问卷调查 ·· 146

附录3　实验说明 ·· 148

二、计算机仿真实验附录 ·· 153

附录1　仿真参数描述 ·· 153

附录2　仿真实验部分程序 ·· 155

第1章 导 论

本书对惩罚机制下的公共品自愿供给合作进行了组合性均衡分析及实验研究，涉及公共管理理论、行为经济学、实验经济学、博弈论等诸多领域，主要基于互动公平、利他、参考依赖和损失规避等行为偏好的组合性均衡视角，通过公共品博弈的行为科学实验和计算机仿真实验方法研究组合性社会偏好、惩罚机制与自愿供给合作问题。本章给出了公共品自愿供给合作研究的背景、目的及意义、研究思路、研究内容，对相关核心概念进行了界定，描述了行为科学实验和计算机仿真实验两种研究方法，并总结了研究思路、研究内容与创新之处。

1.1 研究背景

随着经济和生活水平的日益增长，人们对公共品需求和质量的要求也不断提高。传统经济学经典理论预测，如果每个社会成员都从理性经济人的自利动机出发，那么所有人将会做出不合作的公共品供给决策。一些学者在不同研究领域上强化了这种非合作结果。首先，从新古典理性经济人出发，在公共品供给中会出现自愿供给不足的情形（Samuelson，1955）；其次，在集体行动逻辑中，参与人会"搭便车"，并且集体行动本质上是一种囚徒困境（Hardin，1971）；最后，在公共池塘资源类型的环境中，如果每个社会成员都按照自身利益最大化地利用资源，最终结果将导致资源的过度利用，引发公地悲剧（Hardin，1968，1998）。这些集体行动难题、公共品困境问题以及公地悲剧问题都可以造成公共品供给不足的社会困境（Dawes，1980；Dawes et al.，

2000)。这是新古典经济学论证市场失灵以及政府干预的基本理论依据。依照此种理论预测，若不存在政府主动干预，公共品供给将严重不足。然而，事实显示人们并非像理论预测那样必然选择搭便车，譬如捐赠慈善行为、志愿者、福彩、非政府组织以及邻里互助等公共品自愿供给现象大量存在。这种理论预测与现实结果之间的差距一直是各国政府以及学术界持续关注的问题。

诸多经济学家和社会学家从以下两方面来解释这种传统理论与社会现实之间的差距：一方面，在公共品供给博弈中，人们依靠声誉机制（Reputation Mechanism）、群体选择机制（Group Selection Mechanism）、惩罚机制（Punishment Mechanism）等各种社会机制可以维持合作（Balafoutas et al.，2014；Chavez et al.，2013）。其中，惩罚机制被越来越多的学者认为是可以达成合作的有效机制。另一方面，人们在现实生活中并非完全理性的，而是存在不同程度的异质性社会偏好（王云 等，2021），如互动公平偏好、利他偏好、参考依赖偏好、损失规避偏好等。这就意味着公共品供给决策中集体成员的"搭便车"动机是有限的，而出于不同社会偏好的动机，集体成员会自愿供给一定水平的公共品。

在传统非合作博弈的基础上，转而由社会机制和社会偏好等方面来解释存在公共品自愿供给等社会合作问题，可延伸出三条研究路径：第一条是制度路径，第二条是演化路径，第三条是行为路径。

对社会合作的研究的第一条代表性路径是制度路径，它强调以制度或者机制的设计来解决合作难题。比如，科斯（1994）、青木昌彦（2001）等作为制度分析的代表人物，强调制度对社会合作的关键作用；威廉姆森（2002）、迪克西特（2007）、波蒂特等（2011）等则强调治理机制对合作的关键影响；而谢林（2005）发现，承诺机制有利于合作。不过，这些制度分析，尤其是新制度经济学的分析，强调制度的人为设计性质、给定环境的不确定性以及社会的复杂性而显得较为局限。

对社会合作的研究的第二条代表性路径是演化路径，这种研究基于演化博弈模型，认为合作更有利于个体和种群的生存与发展，是一个演化稳定均衡（Bendor et al.，1997；Bendor et al.，1996；Bergstrom，2002）。演化范式揭示出人类社会在历史长河中如何形成最有利于生存和发展的合作之道，如 Nowak（2006）、Nowak 等（1992a，1992b，1993）所指出的，虽然非合作策略是促成社会合作的重要一环，但在人类社会的演化过程中，社会成员选择合作还基于其他的机制，比如直接互惠、间接互惠、空间博弈、群体选择以及亲缘选择等，这些机制都能够诱发社会成员之间的合作，并使合作得到长期维系。也就是说，合作对于社会成员来说是一种演化博弈均衡，是人类社会演化过程中成员自选择的结果，并非人为设计的制度或者机制带来的。生存竞争足以激发合作机制的生成和演变，那些最有利于人类合作的机制最终稳定下来，构成社会秩序的基本元素。

对社会合作研究的第三条代表性路径是行为路径，它突破传统博弈论的完全理性假设，揭示真实决策中情感与理智的交互作用对合作行为的影响，为合作演化提供有限理性下的均衡解释。事实上，Dawes（1980）、Dawes 等（2000）早就发现，社会心理对社会困境的形成和瓦解作用巨大。心理因素对合作的产生和维持可能起关键作用，这一点并不是现在才被人们所熟知。卢梭（2015）很早就指出，怜悯心是人类社会合作的关键；亚当·斯密（1997）则强调同情心对社会秩序形成的核心意义。可见，在古典政治经济学时期，思想家们就已经开始重视心理因素与合作之间的内在关系。这种早期先贤们的思想后来逐步和博弈论结合起来，使得我们得以在博弈论的框架下讨论心理的作用，比如 Binmore（2006）通过博弈论模型探讨了情感对社会合作的作用。而科林·凯莫勒（2006）则把行为路径概括为行为博弈，以区别于传统的合作与非合作博弈以及演化博弈。从行为路径的视角来看，心理学用情感来概括与理智相对应的其他心理因素。情感和理智就构成了一个真实的人的真实状态，但在一个博弈模型中如何处理情感问题则一直困扰着研究者们。Geanakoplos 等（1989）构建了一个心理博弈模型，开启了行为路径之门。在他们的研究基础上，Rabin（1993）、

Charness 等（2002）、Fehr 等（1998，1999，2000，2002）、Fischbacher 等（2001）等通过引入社会偏好，建立了比较完整与合理的行为博弈模型，从而将公共品自愿供给等社会合作研究推进到一个新的阶段。

1.2 研究目的及意义

1.2.1 研究目的

关于公共品自愿供给的社会合作这三种研究路径常常交错融合，并用不同的研究手段进行呈现。如制度路径因研究局限，最终分化为两个方面：其一是融入演化路径当中，比如罗伯特·萨格登（2008）、安德鲁·肖特（2003）、H.培顿·扬（2004）、杰弗里·M.霍奇逊（2007）等所强调的，制度对社会合作的影响其实本质上来自诸如惯例等非正式制度，而这些非正式制度是一个演化过程；其二是融入行为路径当中，比如 Denzau 等（1994）后来把制度看作一种共享心智。本书在后面的研究中也会就制度的一种"惩罚制度"进行较为系统地研究。对于演化路径而言，它常常运用计算机仿真方法来实现令人耳目一新的思想，这对于理解社会合作意义巨大。但演化路径也有其自身的局限性，关键在于两个方面：一是演化分析依赖随机过程，而随机过程并不能完全刻画人类的社会属性；二是演化分析很难将人类复杂的情感纳入进来。国内基于行为路径对公共品自愿供给合作的正式研究，是从周业安等（2017）在实验室环境下进行公共品博弈实验而展开的。行为路径通常运用行为科学实验的研究方法招募真人作为实验被试对象，可以避免出现演化路径的随机性强及情感缺乏的特点，然而产生的实验数据有限。

现有研究仍存在一些不足，一是对偏好的微观结构刻画得不够深入，特别是个体在不确定条件下，偏好的微观结构变得复杂且种类繁多，对于这种个别性或组合性的偏好类型和结构如何影响社会合作，现有的理论阐述得还不够清晰。二是促进合作的机制更多地出现在演化路径中，行为路径中更多关心的是融入个体的社会偏好，关于如何才能把制度路径和演化路径中的机制与行为路径中的社会偏好有机结合起来的研究仍然不够深入。三是现有关于公共品自愿供给合作问题虽然已得到学术界的广泛关注和研究，但关于惩罚机制、社会偏好的公共机制如何设计才能更好地促进公共品自愿供给合作并未有很好的解释。

鉴于以上情况，本书在主体异质性社会偏好、不同惩罚机制的组合性均衡思维下，利用行为科学实验和计算机仿真实验相结合的两种研究方法来模拟公共品自愿供给合作过程，定量分析不同类型社会偏好和惩罚机制对公共品自愿供给合作水平的影响，研究组合性均衡视角下公共品自愿供给中社会偏好与惩罚机制的数据判别结果，以便提出促进公共品自愿供给合作的组合性均衡行为选择模式与公共机制优化策略。

1.2.2 研究意义

按照传统经济学，如果每个社会成员都以理性经济人进行公共品供给决策，公共品自愿供给会趋于枯竭。这是新古典经济学论证市场失灵以及政府干预的基本理论依据。按照这种理论预测，如果没有政府的外在干预，公共品供给将严重不足。然而，大量事实显示，人们并非像理论预测的那样必然选择"搭便车"。在现实社会中，公共品自愿供给现象大量存在，如捐赠、志愿者行动、福利彩票、非政府组织以及陌生邻里间的互助等。一方面，在公共品供给决策中，人们出于不同社会偏好的动机会自愿供给一定水平的公共品；另一方面，在公共品供给博弈中，人们依靠惩罚机制等社会机制可以维持合作。

因此，有必要研究"能否利用惩罚机制去解决公共品自愿供给合作问题？什么类型的惩罚机制可以更有效地提高公共品自愿供给合作成功率？是否存在某种惩罚机制使得公共品自愿供给合作达到集体行动收益最大化？单纯考虑惩罚机制的影响公共品自愿供给合作能取得良好效果吗？如何形成基于有限理性假设的公共品自愿供给的组合性均衡机制优化策略？"等问题，这项研究将对惩罚机制、社会偏好、组合性均衡及公共品自愿供给之间的逻辑关系，特别是对公共政策的设计以致达成公共品自愿供给合作具有重要的理论意义和实践意义。

1.2.2.1 理论意义

从理论角度来说，与传统经济学中的经济人理论假设不同，本书通过融合公共管理理论、行为经济学、实验经济学、博弈论等多学科知识，进一步梳理互动公平均衡理论、利他均衡理论、参考依赖与损失规避均衡理论相结合的组合性均衡以及惩罚机制相关理论。根据博弈理论，在公共品自愿供给过程中，无论是有惩罚机制还是无惩罚机制，个体参与供给的最优行为选择都是在与各利益相关者的博弈中形成的。本书在公共品自愿供给合作问题中不仅关注惩罚机制的作用，运用组合性均衡思维构建公共品自愿供给组合性均衡演化模型，而且选取企业环保投资的公共品自愿供给合作现实背景进行行为科学实验和计算机仿真实验，如此结合可以拓宽博弈理论及演化理论方面的研究视野，对实验经济学及演化经济学等研究领域具有重要的学术应用价值。

1.2.2.2 实践意义

从实践角度来说，本书在搜集并分析大量现实生活中关于公共品自愿供给合作典型案例的基础上，选取企业环保投资的现实背景，一方面设计惩罚机制下公共品自愿供给的组合性均衡博弈实验，即模拟个体行为互动和达成合作的现实场景，获得公共品自愿供给合作的行为科学实验数据；另一方面构建了组合性均衡思维下企业环保投资的公共品演化博弈模型，利用计算机仿真技术再现了企业参与环保投资合作的公共品演化博弈过程，模拟出惩罚机制下公共品自愿供给的亲社会行为与演化的仿真实验数据。基于两种类型的实验数据结果，分析个体在不同惩罚机制实验设计环境下的互动行为过程，以此确立更为优化的公共品自愿供给合作行为模式数值化结果。据此，提出了可操作性的公共品自愿供给合作的互动行为选择模式与机制优化建议，这对促进现实生活中的公共品自愿供给合作以及公共政策的设计具有较大的实践指导意义。

1.3 研究方法

本书主要采用两种实验研究方法：一是基于 z-Tree 软件平台的实验室实验方法；二是基于计算机仿真系统的实验方法。

1.3.1 行为科学实验方法

大多数经济学实验依赖于计算机的运用，因为计算机的使用可以大大增强经济学实验的可复制性。通过独立的计算机终端显示实验的讲解和实验环境，一方面增强了实验的标准化和可控性，减少了用不同被试群体复制实验所必须付出的努力；另一方面，一些涉及许多交互作用或隐私的实验通过计算机更容易进行，而且计算机的使用减少了用于记录和信息传递上的时间，使研究人员可以在一个实验局内得到更多的观测值。为保证实验者充分掌握实验数据，尽可能减少实验运行中的失误，经济学实验往往需要开发专用的计算机实验软件。特别是当实验设计包含多回合博弈机制时，具体实验的设计、编程和运行必定需要相应的实验软件来实现。掌握一种或多种计算机语言对起步阶段的实验者而言至关重要。在众多计算机语言中，Java 语言和 Visual Basic 语言经常被实验开发研究人员所运用，然而近年来一种简便易学、易于操作的z-Tree 语言在经济学实验中得到了广泛应用。

本书采用的研究方法之一是通过 z-Tree 这个软件平台，招募真人实验对象在实验室开展惩罚机制下公共品自愿供给的行为科学实验。z-Tree（Zurich Toolbox for Readymade Economic Experiments）是由苏黎世大学的实验经济学家菲施巴赫尔所研发，专门运用于经济学实验的软件。这个软件是由两个组件共同构成的，第一个是由实验员自身使用的程序"z-Tree"，此程序主要用来设计、编辑、启动整个实验步骤程序，需安装在特定计算机上，以便实验者监控实验进程。第二个是参与实验的被试者需要使用的程序"z-Leaf"，是安装在被试对象计算机上的客户端程序，此程序的主要作用是将被试对象的计算机和服务程序连接用以通信。除此之外，z-Tree 系统还自带一套编程语言，我们可以称之为 z-Tree 语言，用于经济学实验的程序编写，人们可以通过 z-Tree 软件平台实现和运行大多数经济学实验，比如讨价还价博弈实验、最后通碟博弈实验、公共品实验、信任博弈实验、竞价拍卖博弈实验、市场竞争实验等。

在 z-Tree 软件设计的实验中，一个实验者或多个实验者（Experimenter）和很多被试对象（Subject）通过实验者计算机（Experimenter PC）和被试计算机（Subject PCs）实现相互沟通。图1-1显示了具体实验者与被试对象之间在 z-Tree 环境下的结构关系。从图1-1可以看出，z-Tree 的具体运行机制如下：第一，带有 z-Tree 服务程序的实验者主机与带有 z-Leaf 客户端程序的被试工作机互联；第二，主机运行带有"ztt"后缀名的程序，并将程序设计的内容传递给客户端；第三，被试工作机在实验中将输入的数据信息传递给实验者主机上的服务器；第四，服务器会实现保存并处理实验数据的功能，还将被试对象应知晓的信息传递给客户端；第五，在实验结束时，服务器将最终的实验结果传递给客户端。

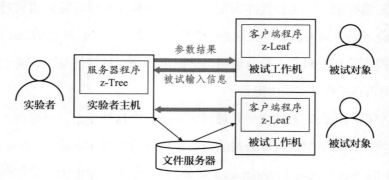

图1-1　z-Tree 客户端与服务器的结构关系

注：z-Tree 实验软件平台包含服务器 z-Tree 和客户端 z-Leaf 两个端口。这是 Fischbacher（2002）年编写的平台实验说明书。

1.3.2　计算机仿真实验方法

计算机仿真属于计算经济学（Agent-based Computational Economics）的一种重要研究手段，是通过计算机技术对现实世界某一系统进行模拟，以便得到其动态变化特征的研究方法。计算机仿真通常用于复杂系统的研究，因为复杂系统是一个由多重因素和变量决定，具有随机性、涨落性、涌现性和自组织性的系统（Nicolis et al.，1990；Beckage et al.，2013）。运用一种被称为基于行为主体（Agent-based）或多行为主体（Multi-agent）的计算机仿真技术（Tesfatsion et al.，2006），计算经济学家可以模拟股票价格波动（Takeuchi et al.，2011）和汇率波动（Thinyane et al.，2011；Vasilakis et al.，2013；Fletcher et al.，2013），衍生品定价（Alexandridis et al.，2013）和资产定价（Brianzoni et al.，2010；Franke et al.，2011），拍卖市场（Mochón et al.，2011）、金融市场（Cincotti et al.，2008；Arratia et al.，2013）、风险市场（Kormilitsina，2013；Badshah et al.，2013）、劳动力市场（Martin et al.，2009；Boeters，2013）和农产品市场（Graubner et al.，2011）的随机运行机制，以及一个国家的宏观经济波动（Hespeler，2012）和政府财政政策（Dawid et al.，2011；Dosi et al.，2013）、货币政策（Wingrove et al.，2012；Gonzalez et al.，2013）对宏观经济的影响。

本书采用的另一种实验研究方法正是具有重要意义的一种计算机仿真实验方法。虽然行为经济学家和实验经济学家已经通过大量的行为实验观察到了人类所具有的各种形式的亲社会行为，但如何解释这些行为和偏好的形成原因和演化机制，始终是新兴经济学面临的一个饱受争议的难题（Gintis，2003；Wilson，2010；Nowak et al.，2010）。在考古学和人类学无法为远古人类的行为提供有效证据的情况下，通过计算机仿真模拟人类行为的演化过程，也许是目前唯一可行和有效的研究方法（McLennan et al.，2010；Beckage et al.，2013）。Fukuyama 等（1998）将计算机仿真用于研究人类合作行为的演化，发现了"针锋相对"（Tit for Tat）这一有利于合作形成的重要策略性行为。经济学家则运用计算机仿真模拟了距今10万—20万年前更新世晚期人类

狩猎 - 采集社会原始族群合作劳动的随机演化过程，证实了群体选择条件下的强互惠（Strong Reciprocity）行为可以促进合作秩序的形成（Bowles et al., 2004）。哈佛大学演化动力学部以诺瓦克（Nowak）为首的研究团队创立了一种基于"频率依赖型莫兰过程"（Frequency-dependent Moran Process）的多行为主体（Multagent）计算机仿真技术（Taylor et al., 2004；Nowak, 2006），并运用这一技术破解了合作行为演化研究中著名的"二阶社会困境"（Second-order Social Dilemma）难题（Hauert et al., 2007；Sigmund et al., 2010）。目前，运用计算机仿真技术研究囚徒困境博弈（Perc et al., 2013；Tarnita et al., 2013）、公地悲剧博弈（Barbalios et al., 2012）、公共品博弈（Moreira et al., 2013）、独裁者博弈（Conradt, 2012）、第三方制裁博弈（Luck et al., 2013）、信任博弈（Manapat et al., 2013；Koster et al., 2013）等社会困境中的各种经济学前沿问题。

1.3.3　实验数据的非参数检验方法

本书对行为科学实验和计算机仿真实验的后期实验数据处理主要采用了 matlab 2021a 和 SPSS 26 分析软件中的非参数检验方法，并用 Python 3.8 形成数据图形。非参数检验（Nonparametric Test）也被称为分布自由检验，是当总体方差未知或分布情况不明的情况下，利用样本数据对总体分布形态等进行推断的方法。1945年，弗兰克·威尔科克森（Frank Wilcoxon）提出两组样本的秩和检验，1947年，曼恩（Mann）和惠特尼（Whitney）将结果推广到两组样本容量不等的情况。20世纪50—60年代，多元参数的统计和检验理论的相继建立，极大丰富了实验设计不同情况下的数据分析方法，小样本检验和异常数据诊断方面也得到了成功应用，逐渐形成了一套完整的非参数检验理论。

非参数检验方法的优点在于其不依赖总体分布类型，对数据资料分布没有特殊要求，除了用连续数量表示的资料外，还可对样本数据的符号、等级程度、大小顺序等进行比较，模型简约、演绎严密，不要求复杂的计算工具，结论稳健性是其最大优势，即参数模型假设不成立的情况下它比参数模型更有效，还可查表判断，能处理一些参数法处理不了的问题，因此在实验经济学的数据分析中得到了广泛应用。参数检验方法与参数检验方法最显著的区别在于前者的大部分方法是基于秩而非基于原始数据。我们在运用非参数检验时，依照给定的数据和文献资料的种类来选取合适的非参数检验方法。在此我们把实验经济学数据处理中的非参数检验方法进行了整理（见表1-1）。配对样本和独立样本相关检验方法实际上对应着实验经济学常用的两种设计方法，即被试内实验设计方法和被试间实验设计方法。被试内实验设计方法和被试间实验设计方法的主要区别在于，被试内实验设计是相同的被试对象参与至少两种以上不同的实验，其取得的实验数据往往是配对样本数据；被试间实验设计方法是不同的被试参与不同的实验，其取得的实验数据往往是独立样本数据。因此，本书主要采用了 Spearman 相关系数对两组配对样本进行相关性推断，用 Wilcoxon 符号秩检验来考察两组配对样本的分布是否存在显著差异，用 Mann-whitney U 检验来考察两组独立样本的分布是否存在显著差异。

表1-1　实验数据处理中几种非参数检验方法

样本类型	方法	原假设 / 内容
单样本	卡方检验（Chi Square）	样本来自的总体分布与期望分布或某一理论分布无差异
	二项分布检验（Binormial）	样本来自的总体与指定的二项分布无显著差异
	单样本 K-S 检验（Kolmogorov-Smirnov）	样本来自的总体与指定的理论分布无显著差异
	单样本游程检验（Runs）	总体变量值出现是随机的
两独立样本	Mann-Whitney U 检验	两组独立样本来自的两组总体分布无显著差异
	K-S 双样本检验（Kolmogorov-Smirnov）	
	Wald-Wolfowitz 游程检验	
	Moses 极端反应检验	

表1-1（续）

样本类型	方法	原假设 / 内容
多独立样本	中位数检验	多个独立样本来自的多个总体的中位数无显著差异
	Kruskal-Wallis H 检验	多个独立样本来自的多个总体的分布无显著差异
	Jonkheere-Terpstra 检验	
两配对样本	Wilcoxon 符号秩检验	两组配对样本来自的两总体的分布无显著差异
	符号检验	
	Mcnemar 变化显著性检验	
	Spearman 秩相关检验	两组配对样本的相关性推断
多配对样本	Frieman 检验	多个配对样本来自的多个总体分布无显著差异
	Cochran's Q 检验	
	Kendall 协和系数检验	评判者的评判标准不一致

1.4 研究思路及内容

1.4.1 研究思路

本书遵循组合性均衡思维下主体偏好显现、惩罚机制规范的逻辑思路，利用行为科学实验和计算机仿真实验来模拟公共品自愿供给合作过程，得出组合性均衡视角下公共品自愿供给中组合性社会偏好与惩罚机制的数据判别结果，提出促进公共品自愿供给合作的组合性均衡的行为选择模式与机制优化策略。如图1-2所示，本书的研究技术路线包括以下五个步骤。

1.4.1.1 公共品自愿供给组合性均衡相关理论与案例分析

（1）公共品自愿供给中社会偏好与惩罚机制的相关理论。从公共管理理论、行为经济学、实验经济学、博弈论相结合的理论角度，分析公共品自愿供给合作的利益主体构成与博弈特征，厘清存在于公共品自愿供给中的互动公平、利他、参考依赖、损失规避等不同社会偏好。同时，区分作用于公共品自愿供给中不同惩罚执行主体带来的第二方和第三方惩罚机制，区分不同惩罚权力的分散式和集中式等惩罚机制。

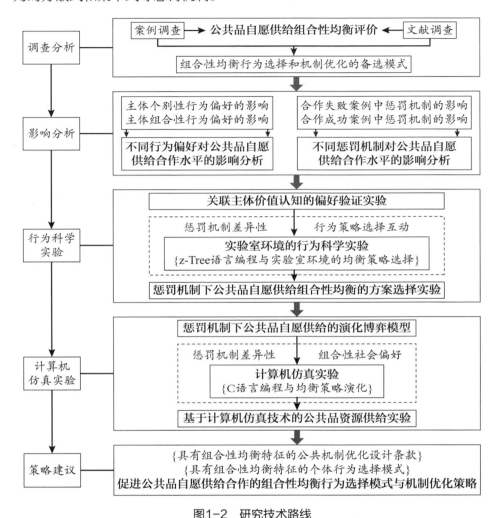

图1-2 研究技术路线

（2）公共品自愿供给的组合性均衡原理。在前面分析基础上，对本书涉及的组合性均衡理论和方法进行清晰地界定。公共品供给失败源于关联主体的不同价值认知判断，而促进公共品自愿供给合作需要形成价值判断的主体一致性偏好。通过在公共品自愿供给中构建包含互动公平、利他、参考依赖、损失规避行为偏好的组合性均衡分析框架，进行符合关联主体偏好的价值修正分析。

这种偏好视角的组合性均衡分析使关联主体的差异化价值判断可以在同一基准上进行度量，从而为公共品自愿供给合作的均衡策略组合方案设计奠定基础。

（3）公共品自愿供给组合性均衡博弈的相关模型。为了更好地建立本研究中的公共品自愿供给的组合性均衡博弈模型，梳理对本研究的博弈模型构建起到支撑作用的相关文献，包括组织内公共品自愿供给的行为博弈模型研究、公共品博弈中的演化博弈模型研究，以及考虑组合性均衡和惩罚机制的公共品博弈模型研究等。

（4）公共品自愿供给中行为偏好与惩罚机制的案例分析。通过网络调查与典型案例分析方法，搜集公共品案例素材，包括国防、环保、扶贫、医疗、教育等不同领域，并从中选定本书中所需的典型实验案例。通过案例分析不同利益主体对公共品供给的不同信念判断与不同行为表现，尤其是厘清有惩罚机制、无惩罚机制以及不同类型惩罚机制下公共品自愿供给中关联主体合作的不同行为互动模式和现实表现，比较其优劣和异同，为开展价值认知判断的偏好验证实验提供素材依据，探索能实现公共品自愿供给合作的组合性均衡行为选择备和机制优化备选模式。

1.4.1.2 行为偏好和惩罚机制对公共品自愿供给合作水平的影响分析

（1）行为偏好对公共品自愿供给合作水平的影响分析。传统经济学理论表明，自利偏好是行为决策价值判断的基础偏好，除自利偏好之外，在公共品自愿供给合作上人们可能更多地会表现出互动公平、利他、参考依赖、损失规避等不同行为偏好。通过偏好倾向的甄别，判断公共品供给主体的个体性偏好与组合性偏好及其现实表现，以及不同行为偏好视角的价值认知分歧关键点，分析不同行为偏好是如何影响公共品自愿供给合作以及对其合作水平产生何种影响。

（2）惩罚机制对公共品自愿供给合作水平的影响分析。在上述理论和案例分析的基础上，分析不同惩罚机制下公共品自愿供给中个体合作的不同行为互动模式和现实表现，分析合作失败的个体行为互动模式与惩罚机制存在的缺陷，并与合作成功案例比较其行为互动模式与惩罚机制的异同、优劣。在此基础上，分析成功案例在实际合作过程中的组合性均衡实现情况，为进一步剖析组合性均衡视角下何种特定社会机制或公共政策设计能促进公共品自愿供给成员提高合作水平奠定理论基础。

1.4.1.3 惩罚机制下公共品自愿供给的组合性均衡博弈行为实验研究

（1）惩罚机制下公共品自愿供给组合性均衡的偏好验证实验。为了更好地与现实相结合，选择企业参与环保投资合作作为行为科学实验的背景，要实现公共品自愿供给合作，揭示主体价值的认知偏好是关键步骤。通过偏好验证实验，揭示影响价值差异化认知判断的主体行为偏好或偏好集合。为此，本书试图采用行为科学实验中的问卷调查方式进行价值认知判断的偏好验证。

（2）惩罚机制下公共品自愿供给组合性均衡的方案选择实验。在上述偏好验证实验的基础上，在 z-Tree 语言编程的实验室平台下开展公共品自愿供给组合性均衡的方案选择实验。实验参与者模拟不同惩罚机制、不同偏好集合方案下的主体行为选择和达成合作的现实场景，即实验参与者在实验中分别担任不同角色进行策略选择互动，一方面显现有无惩罚机制和不同惩罚机制的差异性，另一方面考察个体行为偏好带来的策略变化和互动过程，为确立公共品自愿供给合作的组合性均衡行为模式与机制优化的数值化结果奠定基础。

1.4.1.4 惩罚机制下公共品自愿供给组合性均衡博弈的计算机仿真实验

（1）惩罚机制下公共品自愿供给的演化博弈模型。运用演化博弈论原理，利用 C 语言编程的计算机仿真实验技术来实现贴合公共品自愿供给博弈现实情况的演化过程，构建对应的模型是实验前的基础条件。惩罚机制下公共品自愿供给的演化博弈模型构建须体现组合性均衡思想，才能准确判别供给行为的真实价值内涵。那么，可以同时纳入惩罚机制、组合性社会偏好、惩罚力度等多项特性到演化博弈模型，以便后续更好地开展惩罚机制下公共品自愿供给的计算机仿真实验。

（2）基于计算机仿真技术的公共品自愿供给实验。依然选择与行为科学实验一致的企业参与环保投资合作现实背景，来开展计算机仿真实验。基于集中式惩罚、参考依赖、不同惩罚力度相结合的组合性均衡视角，构建企业环保投资合作的公共品演化博弈模型，并利用计算机仿真技术再现了企业参与环保投资合作的公共品演化博弈过程，模拟出惩罚机制下公共品自愿供给的亲社会行为与演化的仿真结果，并进而找到稳定而有效的公共品供给合作策略，最终从演化博弈视角解决公共品自愿供给合作的演化难题。

1.4.1.5　公共品自愿供给合作的组合性均衡行为选择模式与机制优化策略

通过上述理论与实验研究，不仅可以判别公共品自愿供给合作中惩罚机制、社会偏好和行为主体决策的组合性均衡特性，还可以分析出公共品自愿供给中具有组合性均衡特征的惩罚机制优化设计要求、主体行为选择集合，以及实现这种行为选择的主要环境条件。最后，以提高公共品自愿供给合作水平、促进公共利益最大化为原则，提出促进公共品自愿供给合作的组合性均衡行为选择模式与机制优化策略，为现实生活中公共品自愿供给难题提供一个合理的解决方案。

1.4.2　研究内容

本书进行公共品自愿供给合作行为及实验研究，通过公共品博弈的行为科学实验和计算机仿真实验方法，基于互动公平、利他、参考依赖和损失规避等行为偏好的组合性均衡视角，研究惩罚机制下的公共自愿供给合作问题。本书内容共分为6章：

第1章是导论。本章给出了公共品自愿供给合作研究的背景及意义、研究思路、研究内容，对相关核心概念进行了清晰地界定，描述了行为科学实验和计算机仿真实验的两种研究方法，并总结了本书研究思路与创新之处。

第2章是相关理论基础。概述了公共品及其供给机制，引出公共品自愿供给合作中的社会偏好，综述了对组合性均衡理论具有支撑意义的相关研究成果，包括互动公平均衡及其实验研究、利他均衡及其实验研究、参考依赖与损失规避均衡及其实验研究等。

第3章是公共品自愿供给合作演化相关研究。先从人们在维系合作过程中存在的诸多难以解决的演化难题入手，分析公共品自愿供给合作的脆弱性特征，在理顺公共品博弈实验中的有效机制的基础上，分析了不同的惩罚机制对解决公共品自愿供给合作产生的作用。

第4章是公共品自愿供给行为相关博弈模型。进一步梳理了公共品自愿供给的相关模型，包括公共品博弈中的演化博弈模型，考虑惩罚机制的公共品博弈模型，组织内公共品自愿供给的行为博弈模型等。

第5章是公共品自愿供给合作的行为科学实验。本章基于行为科学实验方法，以企业环保投资合作的公共品博弈实验为背景，通过设计惩罚机制下公共品自愿供给的组合性均衡博弈实验，对驱动合作行为的各种组合性社会偏好以及惩罚机制影响进行了分解和检验。

第6章是公共品自愿供给合作的计算机仿真实验。本章基于企业环保投资合作的公共品演化博弈模型，利用计算机仿真技术再现了企业参与环保投资合作的公共品演化博弈过程，模拟出惩罚机制下公共品自愿供给的亲社会行为与演化的仿真结果，最终解决了公共品自愿供给合作行为与社会偏好的演化难题。

第7章是研究结论与政策含义。本章首先总结了行为科学实验和计算机仿真实验所得出的有代表性的研究结论，随后提出倡导良性互动的多方共同参与原则、引入适当惩罚力度的监督机制、构建行为干预导向的公共治理模式三条具有现实意义的政策建议，最后表述出了在研究过程中的不足之处以及对后面研究的展望。

1.5 创新之处

（1）提供新颖的公共品自愿供给的组合性均衡行为考察方式。即基于公共管理理论、行为经济学、实验经济学、博弈论相结合的理论角度，不同于传统经济学的自利人假设，以融合互动公平偏好、利他偏好、参考依赖和损失规避偏好的组合性均衡思维考察个体在公共品自愿供给合作中的行为模式和互动表现。同时，对个体实施自愿供给公共品行为以及惩罚执行主体实施惩罚决策进行研究，界定了包含互动公平、利他、参考依赖和损失规避的一种或多种偏好相结合的组合性均衡原则。在公共品自愿供给过程中，个体参与供给的最优行为选择都是在与各利益相关者的互动博弈中形成的，以上述组合性均衡原则实施的个体行为选择和惩罚机制，对提高个体供给水平并达成公共品自愿供给合作有所帮助。

（2）基于企业环保投资的情境来进行行为科学实验研究，弥补了以往公共品自愿供给博弈实验研究中多以虚拟筹码进行实验而现实实验背景缺失的不足。在实验室实验环境下利用 z-Tree 语言行为科学实验方法引入现实背景进行模拟，开展了惩罚机制下公共品自愿供给组合性均衡博弈的偏好验证实验和方案选择实验，实验被试对象在实验中以环保投资参与人、惩罚监督者等不同角色进行策略选择互动。该实验不仅测度了被试对象组合性社会偏好微观结构，还检验了组合性社会偏好与惩罚机制对公共品自愿供给合作行为的影响。通过观察实验被试对象的社会偏好、惩罚机制与企业环保投资行为之间的关系，可以来推断合作的成因，如此做到实验结论及提出的公共品自愿供给合作行为机制优化建议更具有实证依据。

（3）在研究方法上创新性地增加了计算机仿真实验方法。本书在原预期只开展行为科学实验的基础上，增加了企业环保投资背景下 C 语言计算机仿真实验步骤，采取行为科学实验和计算机仿真实验两种研究方法有机结合的方式。在现有经济学研究中，计算经济学与实验经济学方法已成为并驾齐驱的核心研究方法，国外学术界对这些实验方法广泛接受，国内学术界则处于尝试性的接受阶段。虽然计算机经济学和实验经济学均存在一定局限，如实验室的行为科学实验中存在学生被试偏差、未必科学等偏见，计算机经济学存在不能完全刻画人类社会的性质并分析人类复杂情感等不足，但是不可否认，对于许多类似公共品自愿供给的社会经济问题研究，计算机仿真实验和实验室实验一样都能成为最恰当的研究方法，同时开展两种实验不仅可以相互弥补各自的不足，而且可以相辅相成地去验证实验数据结果的一致性，二者的有机结合具有重要的学术应用价值。

（4）从两种实验数据结果得出了一些富有启迪的研究结论和政策含义。行为科学实验检验了社会成员具有自利、利他、互动公平等组合性特征的社会偏好，并发现了社会成员拥有利他偏好和互动公平偏好、集中式惩罚机制等对公共品自愿供给的显著正向影响，即社会成员的供给行为决策同时受组合性社会偏好和惩罚机制所支配。通过公共品自愿供给的计算机仿真模型和实验研究，发现参考依赖特性带来的策略互动能有效促进公共品自愿供给合作。在适当的惩罚力度下，集中式惩罚机制的引入提高了公共品自愿供给合作水平，且在特定条件下惩罚力度会出现一个最优阈值，使得集体利益最大化。两种实验的研究结果相辅相成，在此基础上，我们提出的政策建议是从倡导良性互动的多方共同参与原则、引入适当惩罚力度的监督机制、构建行为干预导向的公共治理模式等方面进行公共政策机制设计，将更大限度地提高公共治理绩效。这些研究结果和现有研究相比，增加了实证数据并有许多独到之处。

总体来说，我们在现有的公共品博弈研究基础上，基于融合互动公平偏好、利他偏好、参考依赖和损失规避偏好的组合性均衡的新理论视角，借助行为科学实验和计算机仿真实验两种实验方法，考察了个体在公共品自愿供给合作中的行为模式和互动表现，较为系统地研究了惩罚机制、组合性社会偏好和公共品自愿供给之间的关系。无论是在研究方法、研究内容、学术观点、实验设计上还是在研究结论上都有一定特色和创新，特别是在国内尚属首次引入企业环保投资的现实背景得出相应实证数据，来进行公共品自愿供给的社会合作研究以及应用实验。当然，我们的研究是一种初步尝试，实验模拟方法与现实应用还存在一定差距，研究过程仍然存在诸多的不足之处，期望后续能运用实验方法进行更深层次的探索，以丰富国内的经济学研究。

第2章 相关理论基础

组合性均衡是在行为博弈视角下主体组合性偏好策略互动均衡的一种综合性思考。组合性均衡基于社会成员策略的互动公平均衡、利他均衡、参考依赖与损失规避均衡相结合的分析框架下，构建基于组合性均衡思想的博弈模型以及设计该模型不同类别的博弈实验。对组合性均衡理论有直接支撑意义的研究成果主要包括互动公平均衡（Reciprocal Fairness Equilibrium）及其实验研究、利他均衡及其实验研究（Altruism Equilibrium）、参考依赖理论（Reference Dependent Theory）与偏好集合建模研究、损失规避均衡（Loss Aversion Equilibrium）及其实验研究等。

本章的理论基础内容归纳了对组合性均衡理论具有支撑意义的相关研究成果。

2.1 公共品及其供给机制

2.1.1 公共品的内涵

目前，关于"公共品"概念形成了诸多看法，公共品概念最早是由林达尔（Lindahl）在1919年提交的博士论文《公平税收》中提出的，但关于公共产品的思想则由来已久，最早甚至可以追溯到亚里士多德（Aristotle）。他指出：凡属于最多数的人的公共事物，常常最少受人关注。公共品问题也得到苏格兰启蒙运动的两位核心人物的关注：在《人性论》一书中，大卫·休谟（David Hume）提出了著名的公共草地积水问题，并以这一问题为基础，初步阐述了后来曼瑟尔·奥尔森（Mancur Olson）提出的"集体行动的困境"，以及政府在公共品供给中的积极而重要的作用。亚当·斯密（Adam Smith）则提出，君主或国家的义务，是保护本国社会的安全，使之免受其他独立社会的侵犯；保护人民，不使社会中任何人受其他人的欺侮或压迫；建立并维持某些公共机关和公共工程以及教育人民等。这里亚当·斯密并未提供公共品的定义，而是概括了公共品的主要形式。阿瑟·塞西尔·庇古（Arthur Cecil Pigou）也对公共品理论做出了贡献，使公共品成为福利经济学的基本主题之一。

其中，奥尔森对公共品的定义强调公共品消费属性，"任何物品，如果一个集团中任何个人 能够消费它，它就不能不被那一集团中的其他人消费"（奥尔森，2011），同时，也指出公共品是典型的组织物品，因为"一般的私人品（他称之为非集体物品）总可以通过个人的行动获得，只有当涉及公共利益或公共品时，组织或集团的行动才是不可或缺的"（奥尔森，2011）。

本书主要分析公共品自愿供给行为与合作问题，因此更倾向从奥尔森定义的角度进行理解，即认为公共品是在消费上具有非竞争性和非排他性的物品，但由于外部性和合作困境的存在，常常出现供给不足的现象，所以在供给上往往需要通过集体组织达成统一共识并共同合作的形式予以实现。

2.1.2 公共品的供给机制

公共品供给机制是从供给主体和运行机理的角度抽象出的公共品供给模式。公共品供给机制呈现多样化的趋势，包括政府供给机制、私人市场供给机制、自愿供给机制等。公共品政府供给机制是建立不受制约的中央集权制度，由政府部门提供公共品。它是按需方的权利分配公共品的机制，这种权利是得到社会广泛认可，而且往往已经得到法律认可的，是在市场进行资源配置基础上进行，以公平为目的、以税收和公共收费为主要筹资手段。政府供给机制是按需方的法定权利分配，这就不可避免需要政府介入，因为国民的权利意味着政府的义务。尽管政府可以直接提供服务而无须提供资金，但政府提供服务就需要投入生产要素，进而需要耗费资金购买生产要素，因此，资金供给是政府提供公共品的必要条件。不过，对于很多公共品而言，政府只承担资金供给者的角色是不够的，还需要对产品或服务的生产进行监管。当然，在现代社会，政府实际上几乎对于任何行业都承担着监管责任，而即便政府并不监管所有行业，它也至少需要承担公共服务领域的监管责任，要在事前订立契约时规定公共品的品质、规格和数量，还要在事后作为验收方承担责任，否则就不能确保公共服务的优质和公平分配。纯公共品一般认为应该由各级政府来提供，并且又根据其受益范围的大小，把公共品划分为不同层级，全国范围受益的公共品由中央政府提供，如国防、外交等，地区范围受益的公共品由各级地方政府提供，如教育、治安、消防等。

公共品市场供给机制是指在经济自由的基础上，按照需方的支付分配公共品的机制。这种机制通常是营利组织根据市场需求，以营利为目的、以收费方式补偿支出的机制。市场供给机制则作为这种机制的极端情形，消费者作为资金供给者直接面对营利性机构，政府充其量仅仅以行业监管者介入其中。在这种机制发挥作用的过程中，供给者有权因为消费者缺乏购买力而拒绝为之提供产品或服务。以萨缪尔森为代表的福利经济学家们认为，由市场机制进行公共品供给所带来的排他成本很高，为了有效解决公共品的非竞争性、非排他性以及正外部性而引起的"搭便车"现象，通过政府部门提供公共品比市场供给机制更为有效。

在本书中，公共品自愿供给机制是指接受利润不分配原则的约束，供方考虑自身能力和意愿去供给公共品的机制。它包括多种形式：一是受益人或组织集体自愿组织起来，为了向本集体或本区域提供公共品而在集体内外（一般以集体内为主）募集资金，比如，本研究中的组织内公共品自愿供给合作等；二是受益人或组织作为资金提供者或成本承担者提供公共品，不向消费者收费；三是社会组织依靠挣工资的雇员向社会提供公共品，并向消费者收费以补偿供给成本，但并不对所有者分配营业利润；四是在市场、政府机制发生作用的基础上，在特定政策指导下通过私人市场或私人市场与政府部门合作的模式去提供公共品，对于准公共品或混合公共品，则应该由政府和市场联合提供，如交通、通讯以及本研究中后续提到的企业环保投资合作等。第一种是自组织机制，后三种则是他组织机制。公共品自愿供给机制的优势是低成本、自由、灵活与非营利性，不同形式的公共品自愿供给机制可以解决一些特定公共品的供给问题。当然，也会存在公共品自愿供给失灵现象，自愿失灵包括内在的失灵和外在的失灵，内在的失灵是自愿供给机制内在特征造成的供给不足，外在的失灵则是指外部环境造成的自愿供给机制的不适用。

2.2 社会偏好

近年来，随着行为经济学和实验经济学的兴起，诸多学者揭示了人们生活中一种真实的亲社会性偏好（Prosocial Preferences）。2002年，诺贝尔经济学奖得主丹尼尔·卡内曼（Daniel Kahneman）将心理学分析和经济学研究相结合，提出了前景理论等非理性决策的经典理论，在不确定因素下的人类判断和决策方面的研究做出重大突破。丹尼尔·卡内曼将自己的获奖归功于理查德·塞勒（Richard Thaler），称他是"首位将心理学引入经济学，开创了行为经济学"的学者。2017年的诺贝尔经济学奖授予了在行为经济学方面成就很高的美国经济学家理查德·塞勒，他为非理性行为找到了经济学解释，被认为是现代行为经济学和行为金融学领域的重要先驱者，这些经济学家的研究成果与传统经济学中的理性经济人思想不同，但都体现了人们非理性行为中的亲社会偏好。

2.2.1 社会偏好的内涵

社会偏好概念最早可以追溯到 Veblen（1934）、Duesenberry（1949）、Leibenstein（1950）、Pollak（1976）等文献成果。Rabin（1993）被公认为创造性地提出了社会偏好理论的第一个基于动机公平的"互利"模型，著名的行为经济学家 Camerer 于1997年，首次完整地提出了"社会偏好"的概念。Fehr

等（1999）、Bolton 等（2000）则把社会偏好和实验经济学完整地结合起来进行理论模型上的构造和分析，这标志着社会偏好理论的逐步完善。人们的偏好具有明显的亲社会性，主要表现在互惠和利他等方面，即作为一个社会人，人们不仅关心自己的利益，并且或多或少都会关心他人的利益，这种偏好中的亲社会性被称为社会偏好，它是其效用函数的重要组成部分。亲社会性偏好、他涉偏好（Other-regarding Preferences）、互动偏好（Interdependent Preferences）都被认为是社会偏好的相近的概念。Urda 等（2013）指出社会偏好通过触动人们内在的情感进而影响到其外在的行为。

2.2.2　异质性社会偏好

社会偏好主要包含互动公平偏好（Reciprocity Fairness Preference）、利他偏好、参考依赖与损失规避偏好（Loss Aversion Preference）等，分别对应着人们的善良、避损、公平和互助特性。互动公平偏好认为，人们在社会互动中根据他人的态度来形成自己的态度：尽管人们需要付出一定的成本，如果对方施以善念，则还以善念；如果对方施以恶念，则报以恶念（Rabin，1993；Falk et al.，2006）。利他偏好是指人们在主观意愿上就乐于助人，即人的效用函数中他人的利益与自身的效用正相关（Andreoni et al.，2002）。参考依赖条件下基于结果的损失规避偏好也可被称为非公平规避偏好，是指当人们处于劣势或处于优势的不公平时都会存在效用损失，且处于劣势的不公平时的损失大于处于优势不公平时的损失。也就是说，损失规避偏好下人们的效用函数不仅取决于自身所得，而且取决于自身所得在社会或群体中的相对位置（Fehr et al.，1999）。社会偏好的各个理论模型试图在维持理性假设的前提下，通过将基于心理学和社会学的诸如公平、互利等人类社会性情感因素纳入效用函数中来进而修正经济人假设，并以博弈论为基本的分析工具构建新的博弈均衡来解释实验经济学所揭示的一系列悖论（陈叶烽 等，2012）。

实验经济学有关社会偏好的研究不仅证明了社会偏好的存在性，而且表明了社会偏好的异质性，从而还原了个体真实人性的复杂性，即个体是理智与情感并存的社会人，而非理性经济人所假定的自然人。基于行为和实验经济学的社会偏好理论，现实的当事人不仅具有自利偏好，而且具有不同程度的社会偏好。在不确定条件下，现实的当事人不仅具有风险偏好，而且同样具有一定程度的社会偏好。因此，人们不再如传统经济学的理性经济人假定那样仅具有单一的偏好，而是具有由不同偏好组成的偏好的微观结构。根据这一理论，个体在进行决策时会同时受自利偏好和社会偏好的驱动，从而其行为也会展示出自利和社会性两个方面。自利偏好与社会偏好之间会产生互动，当社会偏好挤出自利偏好时，个体会展示出更多的亲社会行为；而当自利偏好挤出社会偏好时，个体会更多地展示出自利行为。挤出效应和制度与环境有关。

不同于以往经济学单独停留在对经济人假设的批判层面，社会偏好理论之所以具备学理上的建设性是因为它具备相对完善和成熟的经济学模型，而且随着行为经济学和实验经济学的快速发展，这些理论已经展现其旺盛的学术生命力和影响力。本书关于惩罚机制下公共品自愿供给的组合性均衡及其实验研究，除了关注基础性自利偏好外，还关注了互动公平偏好、利他偏好、参考依赖与损失规避偏好等社会偏好，同时借鉴多种偏好的经济学模型来构建适用于本书的惩罚机制下公共品自愿供给博弈模型。

2.2.3　公共品自愿供给合作中的组合性社会偏好

传统经济学预测人们的"搭便车"行为会导致社会成员之间无法达成合作，从而形成社会困境。然而，行为与实验经济学中的公共品博弈实验结果表明，社会成员并非完全选择"搭便车"，而会自愿对公共项目提供一定程度的供给水平，进而依靠成员之间的共同合作来达成公共目标。换而言之，公共品博弈实验中的自愿供给行为正是表明了社会成员之间是能够达成合作。之所以能够合作在很大程度上是因为社会成员体现了社会性，即成员存在社会偏好。相反，传统经济学恰恰是由于忽略了人类的社会性属性，因此无法解释社会合作行为。

从行为和实验经济学角度对公共品自愿供给行为进行研究可以看出，有一个层面是对公共品自愿供给中个体的社会偏好以及社会偏好对公共品自愿供给水平的影响研究。基本上述关于公共品自愿供给的实验研究都得出了以下结论：公共品自愿供给行为显著存在，博弈前期的供给水平通常达到个体初始禀赋的40%~60%，之后随着博弈实验重复次数的增加而下降。行为和实验经济学家对于公共品自愿供给中普遍存在的合作现象，主要通过互动公平、利他等社会偏好予以解释。社会成员不仅有自利性的基础性偏好，也会融合互动公平、利他、参考依赖和损失规避等一种或多种相结合的组合性社会偏好，使得社会合作得以维持。

2.3　惩罚机制

惩罚机制作为一种维系公共领域内合作产生与存续的有效方式一直是学界所关注的热点，并被广泛运用于公共决策过程中。无论是在真实的公共领域内，还是在实验室实验中，惩罚机制都需要有真正的参与主体来负责执行。

2.3.1　不同惩罚执行主体的惩罚机制

根据不同惩罚执行主体，关于公共品自愿供给中的惩罚机制文献主要集中在三个方面：第一个方面是第一方惩罚机制（The First Party Punishment），也可以称作一种内在的自我制裁和自我惩罚，是指个人违反社会规范时或者背叛群体时所产生的不舒适感，如感到尴尬、羞愧和内疚等，此时，自律型的个体行为受限于自我监督。Wang 等（2012）研究了相关的内疚感对演化囚徒困境博弈中群体合作行为的影响，发现个体的内疚心理确实可以极大程度地促进合作。但这一机制并不具有普遍性，不能从本质上解决社会困境问题。Interis 等（2014）建立了一个模型，此模型中个人因对公共品的贡献低于主观规范水平而自我制裁（例如感到内疚），检验了诱导消极的第一方惩罚，会使一个人对公共利益贡献规范水平的感知增加。全吉等（2020）指出第一方惩罚机制是因社会价值观而产生的一种非物质性激励手段。在实际生活中，通过分析个人心理需求或分析具备亲缘关系的个体，确实能观察到这一惩罚机制。

第二个方面是第二方惩罚机制（The Second Party Punishment），即由当事人直接参与的规范治理制裁，即由参与利益分配的第二方进行直接惩罚（Direct Punishment）行为。Ostrom 等（1992）、Fehr 等（2000）通过公共品博弈实验，指出人们不仅会惩罚那些直接损害他们利益的人，而且会惩罚那些不进行任何贡献的人。Rabin（1993）在公共品实验中指出，人们不仅会牺牲个人利益去帮助友善的人，同时愿意牺牲个人利益去惩罚非善意之人。Fehr 等（1999）建立了一个简单的基于收益结果分配公平的非公平规避模型，来解释人们惩罚不平等差距。为了进一步了解惩罚行为的影响因素，Anderson 等（2006）指出由于存在惩罚代价增加的影响因素，人们不会经常性实施惩罚行为。另外，Nikiforakis（2008）揭示了在公共品博弈中影响惩罚行为的因素来自惩罚往往会被报复。另外，人们不仅会惩罚那些直接损害他们利益的人，而且会惩罚那些不进行任何贡献的人（Leonard et al.，2017）。相比于第二方惩罚机制中的一阶惩罚，二阶惩罚机制能更大范围促进群体合作（全吉 等，2019）。

第三个方面是第三方惩罚（The Third Party Punishment），由未直接参与利益分配且独立于利益分配当事人之外的个体施加对当事人的惩罚（Bicchieri et al.，2011；谢东杰 等，2019）。大量学者解释了第三方介入的必要性，Fehr 等（2002）认为，人们通常愿意作为第三方参与代价高昂的惩罚行为。为了了解动机对人们行为决策的影响，Falk 等（2006）提出了互动理论（A Theory of Reciprocity）。有博弈实验证明，第三方在面对存在非善意动机的不公平行为时，会不惜付出成本实施惩罚行为（Isabel et al.，2019）。Falk 等（2006）与前面 Fehr 等（1999）的关键区别在于前者呈现的是基于收益分配结果公平的行为，后者则是基于收益分配动机公平的行为。Gintis（2000）、Fehr 等（2002）进而提出某些个体具有强互动行为（Strong Reciprocity）。韦倩（2009）拓展了 Gintis（2000）的研究结论，认为第三方介入是维持群体合作秩序的社会机制之一。陈思静等（2011）采用 Fehr 等（2003）的第三方博弈范式，指出第三方惩罚行为主要来自责任感高的群体。Okimoto 等（2011）表明通过第三方惩罚实验可以确定对内部成员地位的认知，并部分解释了惩罚在受害者群组识别上的作用。宋紫峰等（2011）的公共品实验研究指出第三方介入等惩罚机制有利于提高公共品供给水平，人们主要针对那些违背社会公平原则的行为人进行惩罚。杨宇谦等（2012）通过公共品实验发现资源禀赋对合作的可续持性有重要影响，并指出可以从惩罚机制的角度进一步探讨相关合作问题。可以看出，第三方惩罚机制是维持群体合作秩序的社会机制之一。

2.3.2　不同惩罚权力的惩罚机制

关于公共品自愿供给中的惩罚机制文献主要集中在两个方面：第一方面是分散式同侪惩罚（Decentralized Peer-to-Peer Sanctioning Institution），即所有的组内成员既作为参与者也作为管理者（Fehr et al.，2000）。博弈论、行为经济学和实验经济学的兴起与融合，为公共品自愿供给提供了新的理论方法和分析工具。现已涌现出大量的不同条件设置的公共品自愿供给实验研究，并发现了分散式同侪惩罚可以改善公共品博弈中的个体合作水平（Casari et al.，2009；Gürerk et al.，2006；宋紫峰 等，2011；连洪泉 等，2013）。在公共品博弈组群规模较小（Boyd et al.，2010a）、被试间所能获得的信息充分（Bornstein et al.，2010a）、惩罚成本较低时（Nikiforakis et al.，2008），分散式同侪惩罚的有效性较为明显。

第二方面是集中式惩罚（Centralized Sanctioning Institution），即将惩罚的权力集中到公共事务决策过程中的部分或单一个体手中。从惩罚执行主体的角度出发，现有关于集中式惩罚的研究主要有三类：第一类是由完全利益无关的第三方来执行惩罚。因为惩罚要付出成本，在这类研究中，惩罚的成本源于第三方的自身禀赋（谢东杰 等，2019）。在公共品博弈实验中，由利益无关的第三方来执行集中式惩罚可以显著提高个体的合作水平（Carpenter et al., 2009; Leibbrandt et al., 2011; Zhou et al., 2016）。但另有一些研究认为由利益无关的第三方来执行惩罚并不必然会产生合意的结果（Leibbrandt et al., 2012; 范良聪 等，2013）。第二类是管理者和参与者相分离的集中式惩罚机制，惩罚的成本来源于所有参与者。这类惩罚在一定程度上与池惩罚（Pool Punishment）相类似。如 Traulsen 等（2012）认为在公共品自愿供给的惩罚机制中，相较于分散式同侪惩罚，更多的被试会选择池惩罚机制。Andreoni 等（2012）的实验实际上是将惩罚的权利授予与利益无关的由计算机执行惩罚的第三方，其集中式惩罚的形式与池惩罚类似。与上述两类集中式惩罚不同，第三类集中式惩罚的执行主体既是管理者也是参与者。Ostrom（2014）总结了现实中可以长期存续的自组织资源体系的设计原则，大部分可以长期存在的自组织资源体系会选择自己的管理者，管理者监管参与者的行为，或者管理者自身也是参与者。单文杰（2011）指出我国历史上出现的晋商行会中的会首一般由地位高、有声望的大商号来担任，对于违反行规的商号或人员采取财产罚、名誉罚、开除会籍、禀官究治的处罚方式。此外，一直以来中国乡村的领导者在村庄内也符合既是公共品提供的管理者又是公共品提供的参与者的二重性身份（孙秀林，2009; 陈柏峰，2011）。闫佳等（2016）的公共品实验中将惩罚执行者设定为一位组内成员，实施集中式惩罚的此成员既作为参与者也作为管理者。

2.4 组合性均衡

组合性均衡是在行为博弈视角下考虑主体组合性偏好的策略互动均衡。组合性均衡充分考虑社会成员的异质性社会偏好，基于社会成员策略的互动公平均衡、利他均衡、参考依赖均衡和损失规避均衡相结合的分析框架下，构建基于组合性均衡思想的博弈模型以及设计该模型不同类别的博弈实验，从而为更准确合理的社会合作提出一系列具有可操作性的互动行为选择模式与优化机制。

惩罚机制下公共品自愿供给的组合性均衡是在互动公平均衡、利他均衡、参考依赖均衡和损失规避均衡的理论基础上，设计包含互动公平、参考依赖和损失规避等行为偏好的组合性均衡模型和实验，形成组合性均衡视角下公共品自愿供给中惩罚机制的公平性和可执行性判别，进而得出公共品自愿供给合作的组合性均衡行为选择模式与机制优化策略的一种方法。遵循惩罚机制规范、主体偏好显现、均衡价值与公共品自愿供给合作的逻辑思路，建立促进公共品自愿供给合作的组合性均衡方法。

关于惩罚机制下公共品自愿供给的组合性均衡的研究，黄健柏等（2014）、赵旭等（2017）等一些学者从代际公平和互动公平等视角，构建了不同项目的组合性均衡模型，并进行组合性均衡，提出更为合理的项目组合性均衡定价等优化机制。另外，社会成员策略的互动公平均衡、利他均衡、参考依赖均衡与损失规避均衡等多重均衡思想会直接影响公共品自愿供给合作。运用组合性均衡方法去分析惩罚机制在公共品自愿供给中的作用，而融合多种社会偏好在同一策略选择中共同发挥作用的组合性均衡方法，在偏好集合博弈实验设计中将得到多方面验证。同时，在个体社会偏好充分显现的组合性均衡分析框架中，差异化的公共品供给价值认知可以在同一评价基准上相互对照，惩罚机制下的公共品自愿供给合作具有更为合理的主体理性行为基础。

2.4.1　互动公平均衡及其实验研究

互动公平均衡的理论研究最早可追溯到 Kahneman 等（1979）以及 Rabin（1993），是指博弈中的特定主体不仅注重自身利益，同时也关注相关利益主体间的公平与互动。从 Charness 等（2000）的"社会偏好"等模型到 Dufwenberg 等（2004）的序列互动理论模型的建立，逐步完善了互动公平均衡的理论体系和基础。关于互动偏好合作与公平偏好合作的研究成果，不论是基于合作不完全性的研究（Fehr et al.，1999；Rohde，2010），或是基于合作执行的实验研究（Gächter et al.，2002；Fehr et al.，2007），还是基于合作激励的研究（Ghang et al.，2015；Roberts et al.，2021），也或是基于委托代理框架的合作研究（Fehr et al.，2004；Peters，2015；Kerschbamer et al.，2023），都证明了主体合作关联中互动与公平偏好的作用是基础性的，几乎所有的主体策略选择行为都存在互动与公平偏好的组合性影响。

从互动公平均衡理论与模型研究看，有支撑意义的研究成果包括 Rabin（1993）提出并界定的公平均衡概念、Fehr 等（1999）、Bolton 等（2000）的非公平规避（Inequity Aversion）模型，Dufwenberg 等（2004）的序列互动均衡模型，Falk 等（2006）的互动均衡模型，Segal 等（2007）的针锋相对博弈的互动偏好界定研究，López-Pérez（2008）的互动偏好的违规规避（Aversion to norm-breaking）模型研究，刘敬伟等（2008）关于公平、互动与合作是和谐社会的经济要素的理念，韦倩（2010）的强互动理论研究，蒲勇健（2012）的公平互惠的思想、理论与模型，唐俊等（2013）的反映互动行为程度的互动函数以及互动均衡概念。

从互动公平均衡实验及应用研究看，有支撑意义的研究成果包括 Gallucci 等（2000）囚徒困境和独裁者博弈形式的互动博弈实验研究，Dickinson（2000）对于 Rabin（1993）互动善意模型的最后通牒博弈实验研究，Kagel 等（2001）在三主体最后通牒模型中对于 Fehr 等、Bolton 等模型的比较实验，Charness 等（2002）采用组合方法对于利他主义、公平和互动的整合性实验检验，Bolton 等（2005）的公平测度压力实验模型，Kritikos（2006）考虑强制仲裁的谈判实验。Fehr 等（2008）关于公平与所有权最优分配的实验，Chavez 等（2013）考虑第三方惩罚的补偿行为最后通牒博弈实验。另外，魏光兴等（2007）指出员工具有互动公平动机，企业制定薪酬激励制度时应充分考虑员工互动公平动机的影响。许广等（2011）构建政府与开发商之间的传统博弈模型和互动公平博弈模型，认为各利益主体受互动公平均衡思想的影响。钟美瑞等（2015）定量化矿产资源开发补偿的互动公平均衡，并利用古诺模型探究互动公平均衡对矿产资源寡头市场产量的影响。

　　总的来说，互动偏好和公平偏好都属于基础性的偏好，虽然两种偏好的博弈实验文献研究的侧重角度不同，但得出的结论基本一致，几乎所有博弈行为都存在互动偏好效应以及公平偏好效应，而它们与其他偏好构成的不同偏好集合，也常常决定了不同的行为博弈特征。特别是互动与公平的偏好集合，不仅得到了大部分实验研究成果的支持，而且为行为实验经济学开拓新领域提供了强有力的分析工具。其中，在各种形式的最后通牒博弈实验中，互动偏好和公平偏好，即动机公平和结果公平的观念都将影响着人们的行为决策，这意味着人们的行为决策同时受结果公平和动机公平的影响。

2.4.2　利他均衡及其实验研究

　　利他（Altruism）是指人们在主观意愿上就乐于助人，为了他人或集体利益他们会表现出更多善意的举动，出于对他人福利或者社会总福利的关心而愿意牺牲自身的福利，即人的效用函数中自身的效用与他人的利益呈正相关。早期就有大量的实验研究，证明了利他偏好的存在（Cason et al.，1998；Frey et al.，1997；Hoffman et al.，1996）。

　　从利他均衡理论与模型研究看，有支撑意义的研究成果包括 Kreps 等（1982）结合声誉机制和不完全信息建立的利他模型（Altruism Model）。Levine（1998）利用公共品博弈实验和蜈蚣博弈实验的数据，在模型设定的基础上对利他主义参数进行估计，将博弈对手的收益纳入效用函数中，建立了简单的利他主义理论。De Marco 等（2008）在纳什均衡中引入了一个细化概念，发现了轻微利他均衡思想的存在。Andreoni 等（2002）在独裁者博弈实验中建立了无条件利他模型。在独裁者博弈中，由于响应者没有拒绝的权利，独裁者的分配行为可被视为纯利他的，因而独裁者博弈实验的结果可被视为对利他偏好的准确度量。随后，Charness 等（2002）则试图把无条件利他模型和 Rabin 等的模型加以结合。Kohler（2003）试图把无条件利他模型和 Fehr 等的模型结合起来。Kustov（2021）通过狭隘的利他主义理论，解释受过教育和种族平等的选民的反移民偏好，发现当增加移民有利于他们的同胞时，狭隘的利他主义者也有望更加支持增加移民。

从利他均衡实验及应用研究看，在公共品博弈中，有实验表明具有利他偏好的个体愿意进行公共品投资，即使其他个体"搭便车"（Andreoni，1995a，1995b；Goeree et al.，2002）。对信任博弈行为的社会偏好检验表明，信任博弈的投资行为和回报行为同时受利他偏好和互动公平偏好两种因素的影响，如Cox（2004）、Ashraf等（2006）、Sapienza等（2013）、夏纪军（2005）以及陈叶烽（2010）。其中，部分研究还对利他偏好和互动公平偏好的相对重要性进行了分析，Ashraf等（2006）和陈叶烽（2010）的研究表明，信任博弈中的投资行为主要受互动公平偏好的影响，而回报行为主要受利他偏好的影响，而夏纪军（2005）的研究发现两种行为中利他偏好的影响要大于互动公平偏好。Hoffman等（2011）的实验发现，和学生相比，在互联网上做生意的人更加利他。Lu等（2018）在英国招募了116名成年女性参与者进行了在线调查，利用独裁者博弈实验考察了移情、感知不公正和群体认同对利他偏好的不同影响。Johansson等（2021）在纯粹的利他主义下，观察了离散选择实验中利他偏好的估计偏差。Grech等（2020）从偏好估计与独裁者博弈实验观察了利他主义。

有实验证据证明意图互动、分配关注与利他考虑都在博弈者决策中发挥重要作用。在制度设计上，特别是公共品制度、慈善制度等，利他主义偏好建模意义重大。但在利益标的价值很大时，利他主义偏好常常更显著地从与自利偏好集合中分离显现出来，验证利他主义偏好的实验研究包括最后通牒博弈、独裁者博弈实验和礼物交换博弈实验。

2.4.3　参考依赖与损失规避均衡及其实验研究

2.4.3.1　参考依赖理论与偏好集合建模研究

参考依赖（Reference Dependence）是指在特定决策情境中，人们存在基于某一特定参考点去判断当下行为决策带来的结果是受益或是受损的行为倾向。参考依赖属于预期理论价值函数中的核心概念（Kahneman et al.，1979）。自探讨参考依赖对主体价值判断的影响以来，后续的相关研究则主要从以下几个方面做了一些拓展性探索。

从何为参考点的角度，学者们提出人们会依赖不同参考点进行行为决策的观点。关于单参考点观念，Kahneman 等（1979）认为决策者当下的现状是默认参考点，其他如期望、目标等也可作为参考点。关于多参考点概念，Wang 等（2012）提出存在"底线、现状和目标"三个参考点；谢晓非等（2014）认为有"个人参考点和社会参考点"的双参考点；而 Ordóñez 等（2000）则较早验证了多个参考点各自对价值判断的影响，并揭示出多得不均等与少得不均等的价值不对称现象。

从行为科学及神经科学的角度，学者们分析了参考依赖偏好对人们行为决策的作用。Fehr 等（2009）指出在劳动力市场中人们主要通过参考依赖买卖双方或劳资双方之间的垂直公平（Vertical Fairness）进行决策，较少涉及民众或员工之间相互参考依赖的水平公平（Horizontal Fairness），并验证了参考依赖在公平价值判断中的机制作用。不过，已有研究发现参考依赖之于垂直公平的机制作用同样适用于水平公平（Cohn et al.，2014）。徐江南等（2012）再次确认了参考依赖在公平偏好形成中的机制作用。随着决策神经科学的兴起，作为行为决策核心概念的参考依赖与损失规避分别得到了较多探索（罗寒冰等，2015；罗艺 等，2013；Rilling et al.，2011）。通过脑电（ERP）反应技术，吴燕等（2012）发现人们在获益情境和受损情境下对行为价值判断具有不同的参考依赖性，很多情况下在受损情境中更加注重分配公平。Guo 等（2013）、Güroğlu 等（2014）采用 fMRI 技术，指出 AI（与负性情绪有关）、ACC（与冲突监测有关）、dlPFC（与认知控制有关）可能是参考依赖影响行为价值判断的主要脑区。

从构建组合性均衡模型的角度，参考依赖偏好集合建模的许多研究成果值得借鉴。主要包括 Tversky 等（1991）、Hyndman（2011）的价值函数构建方法，Dufwenberg 等（2000）基于丢钱包博弈的信念测度研究，Kroll 等（2003）基于非公平规避与风险偏好的相关性研究，Ho 等（2009）关于同辈诱导（Peer-Induced）公平地参考依赖建模，Kohler（2011）的利他主义与公平的偏好集合建模及实验检验思路，López-Pérez（2012）基于诚实和公平的偏好集合博弈模型，以及 Kameda 等（2012）基于竞争性资源分配的纳什比例公平（Nash proportionately fair）概念。

2.4.3.2　损失规避均衡及其实验研究

损失规避（Loss Aversion）是指人们把结果看作相对于参考点的收益和损失，且有强烈规避损失的倾向，等量的损失所引起的心理感受强烈程度远超过等量的获益感受。人们面对同样数量的收益和损失时，认为损失的心理权重大大超过收益的心理权重，收益心理效用与损失心理效用之间存在的不对称性即为损失规避。损失规避亦属于预期理论价值函数中的核心概念（Kahneman et al.，1979）。在公共品自愿供给合作中，人们普遍会存在损失规避偏好心理的倾向。

从效用函数 U 出发，前期大量实验对损失规避内涵及其系数进行了研究（Tversky et al.，1992；Neilson，2002）。后续 Köbberling 等（2005）把损失规避系数定义为效用函数在参考点处的左右导数的比值。Abdellaoui 等（2007）在没有任何参数假设情况下，通过实验得出效用函数图形，得到了损失规避系数。Schmidt 等（2005）对损失规避的定义为，效用函数的损失部分比获得部分更陡峭，在解释风险规避行为时，既不是必需的也不是充分的。实际上，风险规避行为要求损失和对应获得的效用差异之比大于任意概率的获得决策权重和损失决策权重之比。对损失规避定义及其系数进行的大量研究，至今仍未得出一致认同的参数，因为对损失规避理解有差异，得出的系数也存在很大差异。

2.4.3.3　参考依赖与损失规避均衡博弈

损失规避均衡与互动公平均衡都是参考依赖偏好均衡的基本类型，相较于寻利避损偏好的基础性作用，损失规避均衡只能在策略信念互动的特定博弈条件下才能充分表现，而表现方式也受到损失避损偏好的极大制约。

Tversky 等（1991）在参考依赖理论的创建过程中首先提出了损失规避均衡概念。他们认为，很多实验证据已经表明主体选择依赖于现状或参考水平，参考点变化常常导致偏好反转。他们提出消费者选择的参考依赖理论，其核心假设是损失对于偏好的负面影响大于所得的证明影响，损失规避对于经济行为有一般性影响。其不变损失规避参考依赖效用函数，假定偏好序列的关联性通过不同参考点来评价，两个主体相对于参考水平 r 的参考依赖效用函数形式是 $U_r(x_1, x_2) = U[R_1(x_1), R_2(x_2)]$，在这个函数模型中，参考点表示两个轴的分离单调转换。譬如，假定 U_r 是可加的，即 $U_r(x_1, x_2) = R_1(x_1) + R_2(x_2)$。按照这种建模逻辑，满足不变损失规避（Constant Loss Aversion）参考依赖结构的函数形式就可以表示为：

$$R_i(x_i) = \begin{cases} u_i(x_i) - u_i(r_i) & x_i \geq r_i \\ u_i(x_i) - u_i(r_i) / \lambda_i & x_i < r_i \end{cases} \quad (2\text{-}1)$$

该参考依赖效用模型表示：主体偏好序列变化由参考点移动来表示，这个移动值由两个不变项来描述，可以解释为主体1和主体2各自的损失规避系数。

Shalev（1997，2000）指出，博弈的纳什均衡解概念是建立在预期效用最大化假设之上的。参考依赖效用函数（Reference Dependent Utility Function）是比预期效用更好的行为预测工具。在这种效用函数中，效用不仅由结果决定，也由结果和参考点之间的关系决定。特别是损失规避更是这种效用函数的一个重要因素。因此，可以把损失规避均衡定义为这样一种策略组合：每个博弈者的预期结果等于其偏好点，利用损失规避评价并赋予损失超过所得以更高权重，博弈者从其策略的无单向背离可以增加其效用。Shalev 博弈扩展到包括博弈方的损失规避特征，其研究定义了两种类型的损失规避均衡，一种是内生化参考点的解概念，其一是近视（Myopic）损失规避均衡，其二为非近视（Nonmyopic）损失规避均衡。在以上损失规避均衡中，参考点有双向解释：可以用来评价支付（给定价值和损失规避系数），以及这些相同参考点等于每个博弈者的预期评价支付。两种均衡反映了博弈中参考点更新的不同方式。均衡时，参考点随预期实现而收敛。其研究表明，与纳什均衡相比，对任何扩展式博弈而言，近似风险规避均衡是存在的。其比较静态分析也表明，一个博弈方损失规避的增加会在不同方向影响其他博弈方的支付。

Peters（2012）按照 Kahneman 等（1979）构建的前景理论和损失规避的特殊概念，考虑决策者偏好依赖于参考结果的风险决策问题。参考结果中的一个结果被认为损失导致的：相对于增加基础效用的相对所得，损失减少决策者的基础效用更多。对于这种现象的模型研究的直观精致方法是由 Shalev（2002）提出的，即参考结果下的结果效用为基础效用减去基础效用的多重损失，这种多重损失，或者说损失规避系数，在不同参考结果之间是不变的。Peters（2012）为 Shalev（2002）损失规避模型构建了偏好基础证明。

第3章　公共品自愿供给合作演化相关研究

围绕公共品自愿供给合作这一问题，现有的研究进行了较为丰富的讨论，本章将针对这一问题的已有研究进行系统综述。

3.1　公共品自愿供给合作演化难题及其脆弱性

3.1.1　公共品自愿供给合作演化难题

合作问题存在于社会生物学、演化经济学和生物动力学等不同学科当中。合作与竞争同存，前者泛指一群有机体为了其共同的利益一起行动或者工作的过程；后者对应地指一群有机体为了自身的利益而行动或工作。无论是动物、植物种群或是人类，都会与同一种群的成员合作，也会与不同种群的其他成员合作。人类合作可视为一个演化过程（Bowles et al., 2013）。在实际生活中，我们不仅能看到个体与群体间互帮互助、同甘苦共患难的友好场景，同时也能看到个体、群体间相互斗争的冲突场景，例如民族冲突、领土纠纷、战争等，当然也能看到医疗和教育供给不足、企业环保投资不足、食品药品安全等社会问题，这些依然是我们所面临的社会合作难题。现实中不乏有各种典型的社会合作困境实例，比如，2008年农夫山泉和康师傅出现的"水源门"事件，2010年蒙牛、伊利集团出现的"陷害门"食品安全事件等；又如，2006年素有"华北明珠"美誉的华北地区最大淡水湖泊白洋淀接连出现大面积死鱼，2012年广西龙江河拉浪水电站网箱养鱼出现少量死鱼现象被网络曝光，龙江河宜州市拉浪乡码头前200米水质重金属超标80倍，这一系列企业违法排放污染物高风险事件，使得生态环境遭受破坏。

　　一些学者通过实验方法再现了群体纷争带来的冲突现象，并以此探究群体冲突背后存在的心理机制。早在1971年泰弗尔（Tajfel）等学者开展的最小群体实验中，就验证了群体间存在竞争和攻击倾向。假定实验被试对象面临两种选择：一是分别给予自己群体成员和对方群体成员的分配额组合为（100, 150）；二是分别给予自己群体成员和对方群体成员的分配额组合为（80, 50），实验结果发现，实验被试对象更倾向选择后一种分配额组合。即使在有更多利益可得的情况下，依然不惜付出自身代价，选择降低对方群体成员的利益，这一结果显示出群体间的攻击现象。

　　另一些学者也观察到了一种普遍存在的现象：个体、群体以及社会合作可能会出现，但是往往可持续性难以保证（Chaudhuri，2011）。传统经济学假定个体是完全理性和自利的经济人，只有在一些特定的策略、制度和条件相应满足的情况下，重复博弈中的合作才有可能出现，否则，当环境中的既定策略、制度和条件发生改变时，合作将随之改变甚至难以持续下去。相对应地，与传统经济学不同，实验经济学家除了考虑个体有理性的自利之心，也考虑了参与人具有有限理性的利他互惠等社会偏好（Fehr et al.，2005）。然而激励个体社会性偏好的出现，通常需要通过社会宣传、意识形态的教育传播、制定公共政策等方式来解决，否则，当环境和政策不到位时，依然会导致个体摒弃社会性偏好，从而让自利偏好占据主导地位，那么合作依然难以持续。

　　因此，人们在维系合作过程中存在诸多难以解决的问题，个体的社会偏好以及相关的制度环境起着关键的作用。公共品自愿供给合作需要通过不同社会成员的联合行动来实现集体利益最大化，而这一集体利益最大化目标是所有社会成员共有的。即便社会成员存在自利动机，施加一定外部激励机制，也不影响其对集体利益目标最大化的追求，这就意味着在合作演化过程中，个人利益最大化目标能够与集体利益最大化目标相统一。因此，我们认为在公共品自愿供给合作过程中，维系社会合作的有效机制需要考虑以下两个方面：一方面，只要个体和群体等社会成员具有一定程度的社会性，在偏好上就表现出社会偏好，进而在社会行为上表现出亲社会行为；另一方面，同时一种或多种形式的特定策略和制度的引入可以促进社会合作。因此，我们认为兼顾社会成员偏好异质性并引入外部激励机制相结合的方式，公共品自愿供给合作均衡就能够实现并且能够稳定存在。

3.1.2 公共品自愿供给合作的脆弱性

社会合作具有脆弱性就容易形成社会困境，这种脆弱性体现在公共品博弈实验中自愿供给水平的降低上。理解这种脆弱性就成为走出社会困境的关键。Fischbacher 等（2001）试图通过对个体社会偏好异质性的测度来寻找其中的缘由。他们利用莱茵哈德·泽尔腾（Reinhard Selten）的策略性方法思想，从实验测度方法角度解决了个体合作偏好类型的测度问题。而测度之后的实验结果发现，被试的合作偏好类型存在很大的异质性，大约有50%的被试是条件性合作者，23%的被试是"搭便车"者。此外，他们还发现，那些条件性合作者的总体自愿供给水平落在了45°线下面。这意味着当条件性合作者乐意供给自己所预期的其他人的供给水平时，他们并不完全与群体成员供给同样的水平，而是表现出微弱的自我服务（Self-serving）偏向，即其投资的水平稍微低于群体当中其他人的供给水平。

Fischbacher 等（2001）采用这样的异质性合作偏好的参与者类型特点解释了公共品自愿供给合作行为的脆弱性特征。在他们看来，在任何给定的未分类的实验中，参与者往往是由条件性合作者和"搭便车"者组成的。对群体成员的供给水平持乐观信念的条件性合作者会对公共品进行供给。但是随着时间的变化，他们开始发现群体当中的异质性类型，特别是在发现群体当中存在"搭便车"者之后，他们会降低自己的供给水平。正是这样的行动导致公共品自愿供给水平随着时间的变化而呈现出下降的趋势。后续的诸多研究结果表明，不管是采用策略性方法还是采用直接反应的方法（Muller et al., 2008；Güth et al., 2007；Brandts et al., 2011；Sonnemans et al., 1999；Keseret al.,

2000；Brandts et al.，2001），抑或是采用问卷方法或者博弈分解技术（Burlando et al.，2005），甚至是采用不同文化地区和城乡的被试（Kocher et al.，2008；Hermann et al.，2009），都可以发现存在不同比例的参与者异质性类型和条件性合作的稳健结果。而 Fischbacher 等（2010）在 Fischbacher 等（2001）的基础上进行的扩展研究的结果则发现，他们的信念模拟研究结果进一步表明，即使整个群体是由条件性合作者组成的，只要每个条件性合作者都存在自我服务的偏差，就会形成公共品自愿供给合作行为的脆弱性特征。

公共品自愿供给合作水平的脆弱性意味着即使个体具有某种程度的社会偏好，在缺乏合适的机制设计的条件下其自愿供给合作最终还是会处于低水平的状态，甚至是趋向于瓦解的状态。那么公共品自愿供给合作水平能否通过相应的机制设计维持在一个较高的水平之上呢？从已有的公共品实验研究结果来看，对相关机制的实验研究主要集中在奖励和惩罚机制、声誉机制、群体类型选择机制以及其他机制的合作效果研究上。

3.2 公共品自愿供给合作的有效机制

尽管个体内在的组合性社会偏好能够促成社会成员之间的公共合作，但是这些合作很可能是脆弱而不稳定的，那么就需要相应的社会机制来维持合作。现有的行为和实验经济学研究表明，奖励机制、惩罚机制以及声誉机制都可以成为维系社会合作的有效办法，其中惩罚机制受到越来越多的关注。

3.2.1 公共品博弈实验中的有效机制

从公共品博弈实验中提升供给合作水平的机制设计角度来看，至少存在沟通交流机制、惩罚机制及奖励机制等三种社会机制。Ostrom 等（1992）在实验中提出了允许人们达成一个口头协议的实验设想，他们发现这种口头协议能大大提升人们的公共品供给合作水平。Isaac 等（1988）开展了两种相同禀赋的公共品博弈实验，第一个实验是让实验被试对象参与10轮允许沟通交流的公共品博弈实验，接着继续进行10轮没有沟通交流的公共品博弈实验；第二个实验是将顺序反过来后再进行。他们的实验发现一个有趣的结果，一旦最开始开展的是允许沟通交流的公共品博弈实验时，参与者则会提供一个很高的供给水平，而一旦进入不允许沟通交流的公共品博弈实验时，这种高水平的供给会"惯性"地得以继续维持。然而，一旦最开始开展的是不允许沟通交流的公共品博弈实验时，参与者中会涌现出大量的卸责者，但是在进入允许沟通交流的公共品博弈时，这一局面立即得到了改变，这一结果揭示了沟通交流机制的确影响了实验被试对象的供给合作行为。

为了排除沟通交流机制中声誉机制所带来的影响，后续相关公共品博弈文献主要研究了提升公共品博弈中供给合作水平的两种社会机制设计：一种是从惩罚机制的角度进行设计，包括 Fehr 等（2000，2002）; Andreoni 等（2003）等较为经典的实验研究。Fehr 等（2000，2002）的实验设计方案包括10轮无惩罚机制以及10轮有惩罚机制的公共品博弈实验，他们的实验研究显示，在有惩罚机制的实验轮次中，实验被试对象的供给水平即合作水平显著提升，惩罚者和被惩罚者都会因为惩罚而存在成本损耗，所以此种惩罚被认为是利他惩罚。显然，如果按照传统经济人理性模型，在无惩罚机制的博弈实验中人们的纳什均衡策略是进行零水平的投资，而在有惩罚机制的博弈实验中人们的纳什均衡策略则会选择不进行惩罚，Fehr 等（2000，2002）的实验数据均偏离了传统理性经济人得出的结论，尤其在最后一轮，人们的公共品供给水平依然保持了一个较高的水平。后续大量类似的公共品博弈实验得出的结论与 Fehr 等（2000，2002）得出的结论一致（如 Carpenter，2007；Sefton et al.，2007；Masclet et al.，2003；Page et al.，2005）。然而，这种惩罚通常会带来双方利益的损耗进，而使得群体利益和效率下降。比如 Herrmann 等（2008）、Gächter 等（2011）的公共品博弈实验研究结果显示，同一标准但在不同国家开展的公共品博弈实验以及引入惩罚机制的实验时，在俄罗斯等一些国家的实验中合作者常常会受到"搭便车"者的敌意惩罚，此时的惩罚就失去了促进公共品供给合作的显著性效应。另一种提升合作水平的社会机制是从奖励机制角度进行设计，包括 Fehr 等（1993）、Charness 等（2002）、Charness 等（2007）的实验研究。近期也有相关文献将惩罚机制和奖励机制两种设计都引入公共品博弈实验中并进行了比较分析，实验结果表明在无惩罚机制的公共品博弈实验轮次中，实验被试对象对奖励机制的需求比对惩罚机制的需求大得多，然而有趣的是，在提升公共品供给合作水平方面，奖励机制带来的效应却比惩罚机制带来的效应更小（Abbink et al.，2000；Offerman，2002；Andreoni et al.，2003）。

最后，公共品的自愿供给水平也会因不同的个体特征因素而受到不同的影响。比如，Chen 等（2009）、Buchan 等（2004）的实验研究表明，不同的社会角色对个体差异性的行为模式有着显著影响。Fischbacher 等（2010）的实验证实了个体异质性特征确实带来公共品自愿供给水平的差异化。比如，Benjamin 等（2010）的研究考虑了不同的宗教信仰，实验结果发现不同的宗教角色对公共品的自愿供给水平有显著的影响，其中给出最高自愿供给水平的是天主教被试，而新教与犹太教的实验被试对象的自愿供给水平次之，无神论与不可知论者的自愿供给水平最低。

3.2.2　惩罚机制与合作演化

在公共品博弈、囚徒困境博弈等各类博弈策略决策和执行过程中，博弈方需与诸多参与人开展合作。人们依靠各种社会机制去维护合作，其中，惩罚机制被越来越多的人所关注。从广义上来看，自我约束、他人的相互监督等都可以纳入惩罚范围。在考察合作演化中的惩罚机制之后，经济学家通常将其分为三种主要的类型：自我约束型的第一方惩罚、利益相关的第二方惩罚以及不存在直接利益相关的第三方惩罚。

3.2.2.1　第一方惩罚与合作演化

第一方惩罚即指个体的行为受限于自我监督，自律型的第一方可以说是独立于自由市场之外且不能称之为市场中的自由交易人。因为在传统的自由市场中，由于缺乏达成合作共识的机制来协调和引导人们的行为，在理性思维下的个体行为呈现出非人格化。自由市场的非人格化意味着即使人们在市场中存在违约或者提供虚假信息等行为，也不会相互知晓，因为他们的行为是完全匿名且不存在声誉影响。当市场中人们的非人格化特征越明显时，亲社会性的互惠合作行为出现的概率就越小，最终将难以达成社会合作（史晋川，2004）。

执行第一方惩罚决策的个体，除了个人利益最大化的目标之外，还对自身的目标函数进行设限，则行为人参与市场的效率大大下降。1998年，Vernon提到买卖皮毛的爱斯基摩人的自律行为，体现在他们以天甚至，星期来计算的市场交易过程。值得一提的是，虽然合作中的自我约束经常是被社会所赞誉的一种美德，但并非一定有效。另外，在《镜花缘》中的君子国，偶然才能达成约定双方福利都得以提升的交易。这是因为虽然自由市场因缺乏有效的保障机制而出现合作困境，但过分的自律行为却又使得合作发生的范围和效率大大受限。因此，在协调自由程度与自律程度时，这二者之间达到平衡才有可能维持市场中较高的合作水平。

第一方惩罚执行者按照自我约束或想象的标准，在合作过程中去尽可能地维持其所参与合作的公平性或互惠性，然而即便如此，仅靠单一的自我监督力量是很难保证全社会的合作是公平的。要使合作中所有人的观点不冲突而保持一致，是非常复杂的问题。经济学家通常不赞同社会合作中第一方惩罚下的自我监督方式，原因主要体现在两方面，一是第一方惩罚执行者因自我设限使其福利大大缩减，可以说这种自我监督成本的付出带来很高的合作代价；二是不同的第一方惩罚执行者之间要达成自律共识，其难度比市场中讨价还价还要大，这是因为第一方惩罚执行者坚持自己的正义而往往不允许谈判和妥协。以上可以看出，第一方惩罚机制中有了执行者对公平执着的追求，并非都能如愿地实现合作的演化。

3.2.2.2　第二方惩罚与合作演化

通过了解第一方惩罚自我监督方式的作用，我们得知该惩罚机制是一种预防性机制，它在合作活动进行之前发生作用，不能保证其合作效果。同时，第一方惩罚机制通常要求信息披露完备，严格控制合作风险，如此能更好地预测合作前景，这样就大大限制了合作范围。此时，人们需要寻找一种更好的惩罚机制去协调合作中多方的利益和关系，使得合作更高效并且多方共同受益。

第二方惩罚是由有直接利益关系的一方实施的惩罚。早期，马格里布商人对合作执行的方式是将第一方惩罚机制与直接的第二方惩罚机制相互结合。当某一方的不合作行为被确认时，马格里布商人将立即解除与其的合作关系，如此作为惩罚的处理方式。但是，背叛方不合作的恶劣行为并不会被外传，马格里布商人的事后惩罚行为是为了避免扩大损失的退出机制，这可能源于先知要行善的思想。由此可知，这种事后惩罚是第二方即施惠方单方面的直接惩罚行为，对背叛方即受惠方的福利不产生显著影响。受惠方约束自己选择不背叛仅是一种自我约束，这种合作方式就是结合了第一方惩罚与第二方惩罚。早期可能由于伊斯兰教义的自律加上第二方惩罚，马格里布商人在很大的范围内建立了合作的贸易圈。然而，随着后续合作收益的提高，自律的第一方惩罚监督很难保证如此大范围的合作，而由利益相关者直接执行的第二方惩罚因其技术很难执行，导致了马格里布商人贸易圈的失败。

热内亚商人执行的是一种扩展的第二方惩罚机制，即通过成立行业内部或同业协会等组织来监督成员之间的合作行为。相对于被历史证明在效率上是失败的直接的第二方惩罚而言，这种方式被证明是行之有效的。热内亚商人没有沿用马格里布商人的宗教网络，而是成立了不区分成员宗教信仰的同业协会，如此扩大了合作范围。同时，协会内部具备惩罚和监督作用的声誉机制，这种惩罚性的声誉机制会提高背叛方的不合作成本，其想要重新与他人建立合作关系的难度将加大。背叛方一旦产生不合作行为，不仅会受到第二方惩罚者会长期抵制，协会内部的其他成员同样会进行相应的抵制。此时，这种扩展的第二方惩罚监督方式大大提高了合作效率。热内亚在文艺复兴时代迎来的繁荣证明了这种扩展式的第二方惩罚监督方式是成功的（史晋川，2004）。这种扩展监督模式一直延续到现今的商业活动中，在国际政治中的国家联盟同样采用了扩展式的第二方惩罚监督方式。一旦某个国家或组织的行为影响和危害到国家联盟中其他国家的共同发展时，受害国家一般会通过国际社会的力量来共同制裁这一国家的非合作行为。扩展式的第二方惩罚监督方式在国际政治上发挥着重要的调节作用，成为维护国际社会合作的有效监督机制。

当然，第二方惩罚监督方式并非总是行之有效。一是仅当第二方施惠方的利益受损时，他才去实施事后惩罚。如果涉及利益较大的合作，那么这种方式难以保证其有效性。二是第二方惩罚中的监督不能保证完全匿名的非人格化模式，一旦第二方施惠方放弃或不能行使监督权力，就没有其他任何力量可以替代其发挥监督功能。在此情况下，第二方惩罚监督机制只能依赖合作参与方之间的声誉机制来继续维持合作，但是声誉机制能在重复博弈中较好地发挥作用，在一次性博弈的情况下依然会出现合作困境，这时需要再次寻找更加有效的惩罚机制来突破这种合作困境。

3.2.2.3　第三方惩罚与合作演化

声誉机制不易发生作用的匿名合作是值得关注的，此时需要借助声望好或影响力较大的成员的力量。在一次性博弈，如囚徒困境博弈或独裁者博弈中，声誉机制对合作行为不产生影响，相当于匿名性的合作。另外，当社会网络中有某一新成员加入或是一个以施惠方身份且声望不佳的成员加入时，此种情况下的合作也被认为是匿名的，这是由于这样的合作没有考虑包括参与人声誉在内的任何人格化信息。新建的社会网络环境下声誉机制还未产生，成员分化不明显，他们之间的合作行为就相当于匿名合作。匿名合作会发生一些不道德的威胁行为，比如，声望不佳的成员以施惠方身份参与合作时，对方背叛他的概率较高，此时他却因为声望存在问题，不能利用声誉机制去惩罚声望较之更高者；而当他以受惠方的身份想再次参与合作时通常不被其他成员所接受。因此，依靠第二方惩罚监督机制不能有效地完成匿名合作，这时唯有依靠匿名的监督，即经济学家们习惯称之为由与利益无关的第三方提供的惩罚监督机制。

第三方执行的监督方式通常以服务的形式存在，可以说，第三方惩罚机制是一种专业化的监督机制。合作监督中的第三方不乏有一些具备社会权威身份的监督者，他们会要求获取一定报酬。例如，早期种族部落中的家长和族长，封建时代的领主，宗教权威、公共舆论以及现在的司法制度和国家机器等，都在充当着第三方监督者或惩罚者的角色以提供服务。这些专业化的第三方惩罚与监督大多是社会权威，但也存在不是社会权威的个体提供第三方惩罚与监督服务的现象。早期的人类社会未形成私人财产，社会成员之间存在的是对称的关系，因此当时的合作可以近似地看作完全匿名合作。同时，在未形成私人财产的早期社会，也不存在第二方惩罚，仅依靠第一方自律型惩罚机制去维持社会合作。在此恶劣的生存环境中，偶尔也会出现个人匿名的第三方惩罚。当个人提供的第三方惩罚形式提高了全体成员的平均福利时，就逐步转化为社会权威，即专业化的第三方惩罚。

最初专业化的第三方惩罚带来的报酬仅具有不稳定的社会地位，后续形成宗教和国家后，一些可消费的供奉品和祭祀品及国家税收部分就成为新的报酬形式。随着人类社会的不断进步，第三方惩罚监督和保障的合作范围逐步增大。现代社会的法律体系中，律师通常可以看作是代理当事人执行第二方惩罚的委托人，而司法人员可以看作是主张社会正义的第三方惩罚监督者。当然，免费的第三方惩罚监督也会存在，通常被公众认为是社会权威出于增加权威性的方式。

3.3 惩罚机制下的合作演化博弈与仿真研究

20世纪80年代，演化生物学家梅纳德·斯密斯提出演化博弈论（Evolutionary Game Theory），在该理论研究中，主要探讨在有限理性的情景下，群体中的个体经过动态学习行为和试错过程后如何达到稳定的均衡状态（Smith，1982）。不同于传统博弈论中常见的完全理性假设，演化博弈论建立在有限理性个体的基础上，更多地关注个体异质性与策略更新带来的动力学过程。其中，个体或群体之间的博弈行为如何合作演化是演化博弈论研究的核心问题之一。

3.3.1　演化博弈的基本思想

演化思想早在18世纪新古典经济学中社会自发秩序的观点中就有所体现，1776年，亚当·斯密提出"看不见的手"带来社会稳定秩序的演化思想；门格尔和哈耶克分别延续并深化了"看不见的手"中的演化思想，提出人类社会的合作秩序并非设计的结果，而是自发生成秩序的结果（朱富强，2008）。1948年，马歇尔进行了演化内涵和静态内涵之间的比较分析。1950年，阿尔钦提出将自然选择的概念引入经济分析当中（王文宾，2009）。演化博弈论中的演化思想在以上学者的经济学观点中得以展现。

1973年，演化生物学家 Smith 和 Price 将传统博弈论的思想引入随时间变化的种群动态过程当中。演化博弈论认为参与人是非完全理性的，不具备完备的博弈结构和博弈规则知识，他们主要是通过特定学习机制来更新策略（黄凯南，2009）。另外，演化博弈论考虑了参与人的异质性，尤其在偏好异质性方面，将人们之间的博弈和决策过程看作是多样化的策略互动过程，从而让人看到不同角度的人类行为（叶航 等，2013）。

演化博弈论中演化均衡思想的关键是演化稳定策略（Evolutionary Stable Strategy，ESS）。1973年，Smith 和 Price 的研究指出，当博弈过程中所有参与主体都采取某种优于其他策略的策略时，这种策略即为演化稳定策略，此时的博弈状态达到演化博弈的稳定状态。诸多学者关于演化动力学的研究中，体现了种群如何达到演化博弈均衡状态的动态过程（叶航 等，2013）。

例如，在囚徒困境博弈的动态演化研究中，将收益支付矩阵（表3-1）定义为：

表3-1　囚徒困境收益支付矩阵

	C	D
C	R	S
D	T	P

其中，C 代表参与人选择合作策略；D 代表参与人选择背叛策略；R 代表双方

都选择合作策略时的收益；T 代表当一方选择背叛而另一方选择合作时的收益；S 代表一方选择合作而另一方选择背叛时的收益；P 代表双方都选择背叛策略时的收益。

演化博弈论中的演化思想是将博弈支付代替为个体的适应度，观察一群由合作方和背叛方共同组成的群体随机相遇的演变过程。假设选择合作策略的一方在种群出现的概率为 x_C，选择背叛策略的一方在种群出现的概率为 x_D，选择合作策略的一方其博弈支付为 f_C，选择背叛策略的一方其博弈支付为 f_D，则选择 C 和 D 的博弈支付期望为：

$$f_C = Rx_C + Sx_D$$
$$f_D = Tx_C + Px_D \tag{3-1}$$

种群的演化动力学微分方程为：

$$x'_C = \frac{\mathrm{d}x_C}{\mathrm{d}t} = x_C\left(f_C - \phi\right)$$
$$x'_D = \frac{\mathrm{d}x_D}{\mathrm{d}t} = x_D\left(f_D - \phi\right) \tag{3-2}$$

其中，平均适应度用公式来表达 $\phi = x_C f_C + x_D f_D$；由于种群仅由合作方和背叛方组成，则有 $x_C + x_D = 1$。令 $x_C = x$，所以 $x_D = 1-x$，$\phi = xf_C(x) + (1-x)f_D(x)$，将此式代入式（3-2）中，得出：

$$x' = \frac{\mathrm{d}x}{\mathrm{d}t} = x\left[f_C(x) - xf_C(x) - (1-x)f_D(x)\right] = x(1-x)\left[f_C(x) - f_D(x)\right] \tag{3-3}$$

再将式（3-1）代入式（3-3）中，得出

$$x' = \frac{\mathrm{d}x}{\mathrm{d}t} = x(1-x)\left[(R-S-T+P)x + S-P\right] \tag{3-4}$$

该微分方程的均衡点为 $x=0$、$x=1$，由于 $T>R>P>S$，则有 $f_C(0) < f_D(0)$，$x=0$ 为演化博弈的稳定点，即选择合作策略的一方出现的概率为0。最后，合作方被剔除，种群变成全部由背叛方构成。

3.3.2　个体异质性和策略更新对合作演化的影响

从前面的分析可以看出，合作演化结果的两个关键影响因素分别是行为

个体的异质性和策略更新过程。

3.3.2.1 行为个体异质性对合作演化的影响

在演化博弈过程中，不同博弈主体具备记忆能力、影响力、个人特征等主观能力差异，即个体异质性。例如，2012年，Horvath 等提出博弈主体差异化的记忆能力会对合作演化产生影响，研究指出在小世界网络上，具备有限记忆能力的博弈主体会比较高和较低记忆能力的博弈主体更能提高合作水平。2013年，Wang 等提出存在影响力差异化的博弈主体会对合作演化产生影响。与大部分研究不同，他们的研究假定博弈主体对邻居的影响力并非相同的，博弈主体具有差异化的影响力的这一假设更贴近现实。在实际生活中，具备领导人身份的个体通常对他人的影响力要远远高于普通人身份的个体，依此 Wang 等学者假定博弈主体的影响力与其邻居数量成正比，即当某一博弈主体的邻居数量越多，就表示其对他人的影响力就越大；反之，则表示该博弈主体对他人的影响力越小。他们的研究发现，更符合现实的影响力异质性的引入使群体的合作水平得以提高。除了差异化的个体影响力（Wu et al.，2006；Wang et al.，2013），博弈主体具备差异化的年龄特征（Szolnoki et al.，2009；Liu et al.，2012）等也会对合作演化产生影响。以上研究表明行为个体异质性更能贴合现实情况，这一特征对合作演化产生到了重要影响。

3.3.2.2 不同的策略更新规则对合作演化的影响

前面我们介绍了演化博弈通常采取的多种策略更新算法，这些更新方式对合作演化同样产生了重要影响。2010年，Cardillo 等学者基于莫兰过程、复制动力学方程、无条件模拟三种策略更新规则共演化的前提，模拟了复杂网络中囚徒困境博弈的演化过程。他们的研究创新之处是不仅考虑了从同质性网络延伸到异质性网络的多种网络结构，而且对不同的策略更新规则对合作演化的影响进行了两两对比分析。其研究发现：网络结构异质程度与合作水平呈正相关；策略更新规则的共演化使得合作行为更易产生。具体地，在任何网络结构上，复制动力学方程更新算法要更优于莫兰过程策略更新规则；当在无标度网络上，且满足背叛诱惑参数较大的条件时，无条件模拟完全代替莫兰过程策略更新规则。Xia 等（2012）基于二维方格的囚徒困境博弈和雪堆博弈，综合引入了费米策略更新规则和莫兰过程策略更新规则，以研究群体合作行为。研究发现莫兰过程的策略更新规则被越来越多的博弈方采用，群体合作水平随之提高。究其原因是莫兰过程中博弈方要得知所处环境的全部信息，比如他们必须了解所有邻居的收益，如此合作方团块将不会被背叛方所利用，并使得合作行为不断涌现。

当然，除了行为个体异质性、不同策略更新规则两个因素，演化博弈过程和收益函数等也会对合作演化产生影响。Liu 等（2010）基于时间累积收益的策略更新规则的研究指出，群体的合作水平会随累计收益效益的增加而增加。Cao 等（2011）指出引入连接权重的收益函数有利于合作行为的产生；Bo（2012）指出参与人的适应性预期会促进复杂网络中的合作行为。

3.3.3 惩罚机制下合作演化模型与仿真

美国桑塔费研究院的经济学家 Bowles 等（2004）通过基于 Agent 的计算机仿真，在上述模型中引入了群体结构变异和遗传关系这两个重要变量，以距今10万—20万年前更新世（Pleistocene）晚期人类带猎 - 采集社会的生存状态为背景，模拟了原始族群中合作劳动的随机演化过程，并证明了在多层选择条件下，群体内部具有利他主义倾向的合作行为和强互惠（Strong Reciprocity）行为也是一种适应性行为，可以与自私的"搭便车"行为保持一定比例的多态性共存。这是一个非常经典的研究，因为它不但用实证方法表明了多层选择理论具有一定的现实性，而且还第一次把计算机仿真技术用于人类演化过程的分析。下面，我们将对这一研究进行简单的介绍。

Bowles 等（2004）假定族群成员的利益来自一个使他们保持互相忠诚的行为规范，部分个体能服从这些规范并惩罚那些违规者，即使这么做会给个人带来一定的损失，而这些损失对不服从这一规范或不惩罚违规者的人来说是不存在的。因此，在族群中施行惩罚具有利他主义的性质。Bowles 把这种行为称作"强互惠"行为，而具有这种行为倾向的人则被称为"强互惠者"（Reciprocator）。对那些单纯的合作者（Cooperator）来说，他们无条件合作却从不惩罚别人，从而在竞争中比强互惠者占据优势。显然，自然选择将更青睐这些单纯的合作者。但如果合作者逐渐取代了强互惠者，合作劳动中"搭便车"的自私者（Selfish）将会大大增加，从而使他们的适应度（Fitness）超过合作者，直至最后取代他们。

　　根据以上假设，Bowles 等（2004）建立了一个计算机仿真的基本模型：族群成员以合作的方式劳动，每人以 c 的成本产出 b（所有收益和成本最终都将转化为个体的适应度）；一个群体中所有产出都在成员间平等分享，如果所有成员都参加合作劳动，每个人将获得一个净适应度 $b-c>0$；假定一个自私者在合作劳动中以 σ_s 的概率卸责，于是，族群的平均卸责率 $\sigma=(1-f_r-f_c)$，其中 f_r 是族群中强互惠者的比例，f_c 是族群中合作者的比例；族群的总产出为 $n(1-\sigma)b$，这里的 n 是族群规模（即族群总人数）。由于产出被平均分享，因此每个成员的所获为 $(1-\sigma)b$。一个自私者的努力函数为 $\lambda(\omega_s)$，其中 $\omega_s \equiv 1-\sigma$；在给定参数的情况下该函数是凸的且递增的，即 $\lambda'>0$ 且 $\lambda''>0$，$\lambda(0)=0$，$\lambda(1)=c$（在这一条件下，自私者成为一个合作者）。一个强互惠者会对自私者施加一项成本为 $c_p>0$ 的惩罚，当一个自私者以 σ_s 的概率卸责时，受到惩罚的概率是 $f_r\sigma_s$；如此，族群中每个个体的预期适应度 π 为：

$$\pi_s = (1-\sigma)\ b-\lambda(1-\sigma_s)-f_r\sigma_s \tag{3-5}$$

$$\pi_c = (1-\sigma)\ b-c \tag{3-6}$$

$$\pi_f = (1-\sigma)\ b-c-c_p(1-f_r-f_c)c \tag{3-7}$$

　　一个自私者受到惩罚的形式是被驱逐出族群，在生产力极度低下的原始社会，这是一种非常严厉的手段。失去集体依托，不仅意味着更大几率的饥饿，而且也意味着必须独自面对大型食肉动物的袭击，其结果可能是致命的。如果给定被放逐的成本为 s，同时也知道族群内强互惠者的比例 f_r，自私者会选择一个最优的卸责水平 σ_s^* 来最大化他们的适应度。这样，在考虑受到惩罚的情况下，一个自私者面临的总成本 $g(\sigma_s)$ 为劳动中付出的努力成本加上被驱逐的预期成本，再加上因别人卸责造成整个总产出减少而分摊到个人身上那一部分，于是有：

$$g(\sigma_s)=\lambda(1-\sigma_s)-sf_r\sigma_s+\sigma_s b/n \qquad (3-8)$$

一个自私者将选择最优的卸责水平 σ_s^*，从而最小化他的总成本，即

$$g'(\sigma_s^*)=\lambda'(1-\sigma_s^*)-sf_r+b/n \qquad (3-9)$$

通过设置一个特殊的努力函数 $\lambda(1-\sigma_s)$ 来满足条件 $\lambda(0)=0$，$\lambda(1)=c$；$\lambda'(1-\sigma)<0$ 且 $\lambda''(1-\sigma)>0$，从而可以获得有关这一系统的动力学解释。模拟表明，这个函数的确切形式并不重要，能满足上述条件的最简单的函数形式是：

$$\lambda(1-\sigma_s)=c(1-\sigma)^2 \qquad (3-10)$$

根据式（3-9）和式（3-10），可以解得式（3-11），并根据它来考察个体选择条件下一个族群内部的动力学性质（图3-1）：

$$\sigma_s(f_r)=\begin{cases}1-\dfrac{f_rsn-b}{2cn} & \\ 0 & \end{cases} \quad \text{for} \quad \begin{array}{l} f_r \leqslant f_r^{\max}=\dfrac{2c+b/n}{s} \\ f_r \leqslant f_r^{\max} \end{array} \qquad (3-11)$$

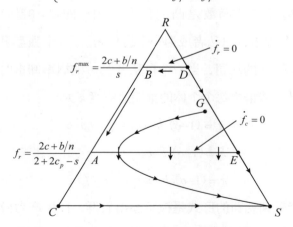

图3-1　群体内部有放逐机制但没有迁徙机制的动态图

图3-1是在没有考虑迁徙机制（即在经典的个体选择）的框架下，群体内

部的动力学相图。图中每一个单点都表示一种人口类型的分布。角点 S 表示所有人都是自私者，即 $f_r=f_s=0$；角点 R 表示所有人都是强互惠者，即 $f_r=1$；角点 C 则表示所有人都是合作者，即 $f_c=1$。图中的参数值表明，存在一个强互惠者的比例 $f_r^{max}=(2c+b/n)/s$（即线条 BD），若高于这一比例，自私者从来不卸责；若低于这一比例，自私者以一个严格的正的比例卸责。于是，在 $\triangle RBD$ 中，三种类型的人具有同样的收益，等于 $b-c$。在 CR 这一段上，强互惠者和合作者都一样成功，因为没有自私的卸责者，从而他们也具有同样的收益，即 $b-c$。在 CS 这一段上，强互惠者的惩罚是缺失的。于是自私者的收益比合作者高，系统演化将收敛于端点 S，即所有人都将成为自私的卸责者。而在 DS 这一段上，自私要比强互惠更有利。因此当 $\sigma_s \in (0, 1)$ 的时候，由式（3-9）可知，随着 f 的不断增加，自私者的比例保持不变，从而将导致 σ_s 的下降。这个判断，再加上方程（3-11），意味着在区域 $CBDS$ 中，降低自私者的比例，提高的是强互惠者的收益而不是自私者的收益。但由于合作者在这块区域里的收益始终高于惩罚者，因此在该图中，唯一渐进的稳定均衡状态是全部由自私者组成的端点 S，它会吸引线条 BD 以下所有的点收敛到 S。特别在另一个参数值所决定的线条 AE 下方，由于强互惠者在族群中的比例太低，所以这种收敛将加速实现。这就意味着在个体选择条件下，"自私的基因"最终将统治整个世界。

但如果在该系统中引入迁徙机制和灭绝机制，我们就可以看到截然不同的结果。Bowles 等假设存在着20个互相独立的族群，每个族群的规模为20人（初始状态为所有个体都是自私者）。每个阶段族群的规模都在变动，变动的依据是族群成员的适应度（即繁殖率），而适应度则与他们在合作劳动中取得的收益成正比。有可能存在一个最优族群规模，一旦偏离了这个规模，就会导致效率损失。为了更清晰地在模型中体现这一点，他们假定当族群规模低于一个下限 n_{min} 时，它就会解散，剩余的成员将移居至公共领地。由此而空余的空间，将会被那些人口过于稠密的族群自由移民，从而使其恢复初始族群规模。为了引进群体结构变异和遗传关系，Bowles 等还假定每个父母以 $1-\varepsilon$ 的概率把自身的行为特征遗传给后代，而他们的后代则以$1/2\varepsilon$的概率继承其他两种行为中的一种。这里，ε被称为突变率（Rate of Mutation）。

根据以上模型和假设，Bowles和Gintis用计算机仿真模拟了族群及其成员随机演化的动态趋势。图3-2显示了计算机仿真模拟3 000代的人口类型演化分布状况和平均卸责率（Shirking Rate）的变动趋势。结果表明，对100%自私者的初始状态来说，大约在100代，就会发生一个明显的逆向运动，即人群中向私者的比例和卸责率开始下降，而合作者和强互惠者的比例则相对上升；大约在1 000代，三种行为者的比例以及卸责率将基本维持在一个比较稳定的状态上。为了检测模型的这个典型特征，Bowles和Gintis又使用基准参数进行了25次3 000代的仿真模拟，并统计了每种行为类型的平均比例以及平均卸责率（表3-2）。

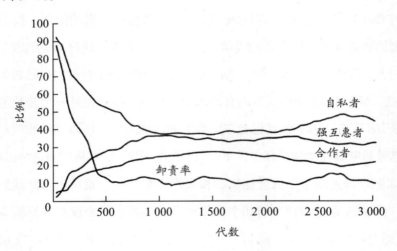

图3-2　3 000代仿真的演化趋势

注：基本参数为$n=20$，$n_{\min}=6$，$b=0.2$，$c=c_p=0.1$，$s=0.3$，$\varepsilon=0.01$。

表3-2　长期仿真结果

数值	描述	数值	描述
37.2%	强互惠者的比例	38.2%	自私者的比例
24.6%	合作者的比例	11.1%	平均卸责任率

第4章　公共品自愿供给行为相关博弈模型

为了更好地建立公共品自愿供给的组合性均衡博弈模型，本章主要梳理了对后续研究起到支撑作用的博弈模型，这些模型包括公共品博弈中的演化博弈模型、考虑惩罚机制的公共品博弈模型、组织内公共品自愿供给的行为博弈模型等。

4.1　公共品博弈中的演化博弈模型

公共品博弈是诸多学者用来研究演化博弈的一种经典类型。与其他博弈类型相似，公共品演化博弈模型同样包含两个关键部分：一是博弈结构。博弈个体在指定的网络结构内开展博弈，该结构通常是外生的，涵盖公共品博弈类型以及其收益函数。二是包含策略更新和策略突变的演化过程。博弈个体参照既定的策略更新规则改变自己的策略。

4.1.1　关于公共品博弈的收益函数

由于公共品的非排他属性，选择背叛策略的一方通过不付出投资成本的"搭便车"行为，可以获得比选择合作策略的一方更高的收益，使得博弈方选择"搭便车"策略即为占优策略。公共品博弈的收益函数主要包含两种：一是基于局部的收益函数（Cao et al., 2010）；二是基于全局的收益函数（Santos et al., 2008）。

4.1.2　关于策略更新和策略突变的演变过程

计算机仿真个体行为的演变过程遵循一种假定，即博弈个体会参照学习另一方的策略，且另一方获得相较更高的收益。演化博弈通常采取的策略更新算法有三种：一是死亡 - 出生更新算法，二是出生 - 死亡更新算法，三是策略模拟更新算法。以澳大利亚著名统计学家帕特里克·莫兰（Patrick Moran）命名的"莫兰过程"是依据死亡 - 出生更新算法和出生 - 死亡更新算法的（Ohtsuki et al.，2006；叶航 等，2013）；策略模拟更新算法常常出现在物理学研究中，规则主要包括：学习相邻个体中收益最高者的策略（Cardillo et al.，2010）；参照特定概率学习收益较好者的策略（Santos et al.，2005）；参照特定概率学习能影响自己的个体的策略（Cao et al.，2011）；采取预期收益较高的策略（Bo，2012）。

策略模拟更新规则常包含以下三种：

一是费米更新规则：在每一时间步长，节点 x 在区域内随机选择邻居节点 y，根据邻居的收益 P_y，y 以一定概率将其策略传递给 x 后，计算节点 x 的策略 u_x 向邻居节点 v 的策略 u_y 学习的概率：

$$W(u_y \rightarrow u_x) = \frac{1}{1 + \exp^{[-(P_y - P_x)/k]}} \qquad (4\text{-}1)$$

其中，参数 $k > 0$ 表示随机因子，代表了一种非理性行为选择的可能性。$1/k$ 表示选择强度。当 $k \rightarrow +\infty$ 表示完全随机，节点 x 将随机采取节点 y 的策略；$k \rightarrow 0$ 表示绝对理性。

二是莫兰更新规则：在每一个时间步长，节点 x 参照一定概率 W 选择邻居节点 y 的策略进行学习，计算节点 x 向邻居节点 y 策略学习的概率：

$$W(u_y \rightarrow u_x) = \frac{P_y}{\sum_{k \in \Omega_x} P_y} \qquad (4\text{-}2)$$

三是复制动力学方程：在每一个时间步长，节点 x 随机选择一个邻居节点 y 的策略进行学习，当邻居的收益 P_y 高于自身的收益 P_x 时，即计算节点 x 将以一定概率向邻居节点 v 策略学习的概率：

$$W(u_y \rightarrow u_x) = \frac{P_y - P_x}{bk_>} \qquad (4\text{-}3)$$

其中，$k_>$ 代表节点 x 和节点 y 中较大的度值。

种群中多主体演化过程的一个重要影响因素就是演化的随机性和突变性。在演化动力学中 μ 通常代表突变率或者噪音，它表示任意一种类型的个体都会以极小的概率 μ 随机转变成另外一种类型（叶航 等，2013）。演化博弈中基于复杂网络的随机性表现为两种：一是在不考虑对方收益的情况下，网络节点 x 的策略按照一定概率随机转变为另一网络节点 y 的策略，即为策略更新的突变，也称为行为噪音；二是演化动力学中体现的外生噪音（Roca et al.，2011）。

4.2　考虑惩罚机制的公共品博弈模型

演化博弈是在参与人有限理性的基础上分析策略的演化过程，个体行为的学习演变过程遵循一种组合性均衡思想的假定，这种思想除了考虑具有学习演变过程中典型的参考依赖特性，也考虑个体存在的互动公平、利他、损失规避等一种或多种偏好组合性特征。学者们对依据个体的组合性策略更新特征进行建模，比如 Amir 等（1996）提出的是一种随机演化模型，Hauert 等（2002a，2002b）在群体成员自愿参与策略下进行的公共品博弈合作演化中，采用的是复制动态模型，类似这些策略更新的建模方式，目前已广泛用于研究社会困境博弈中合作的演化问题。

诸多研究表明，惩罚机制对群体或联盟合作的自组织演化起着重要的促进作用，不同的惩罚机制给群体或联盟合作的稳定性带来不同的影响。Brandt 等（2006）的研究发现，在无限种群的群体合作演化中，惩罚机制和自愿参与机制共同作用促进了群体合作。Hauert 等（2007）研究了有限种群中，采用进化生物学中的 Moran 过程，惩罚机制与自愿参与机制能够促进群体合作。韦倩（2009）指出惩罚机制能够在一定程度上避免社会成员之间存在的机会主义行为，从而更好地维持群体合作秩序。Hauert（2010）、Forsyth 等（2011）分别采用复制动态模型和进化生物学中的 Moran 过程，研究了无限种群和有限种群的公共品博弈，对比分析了奖励机制和惩罚机制对于群体合作的影响。叶航（2012）的研究指出当公共品回报系数大到一定值时，惩罚行为能使群体公共合作保持稳定的演化趋势。

与以往对背叛者处于相同惩罚条款的无条件惩罚者不同，Szolnoki 等（2013）的空间公共品博弈中条件惩罚者与群体中其他惩罚者数量成一定比例，并发现了条件惩罚的演化优势。Schoenmakers 等（2014）研究了公共授权机构下联合惩罚的演化，并表明信号效应对惩罚制度的演变至关重要，人类对可信的惩罚威胁投机性反应的倾向通常足以建立稳定的惩罚机构并保持高度合作。Wu 等（2014）指出惩罚成本的大小影响空间公共品演化博弈的结果。赵黎明等（2016）分析了在空间公共品博弈下联合惩罚机制对孵化器区域性联盟的稳定性影响，其表明仅当惩罚成本大于某一阈值时，联盟内资源共享稳定策略的比例才能增加。全吉等（2019）在 Amir 等（1996）的随机演化模型基础上进行了扩展，将群体策略的演化过程描述成一个多维马尔科夫过程并通过随机过程的极限分布，分析惩罚成本、惩罚系数、惩罚概率等不同惩罚参数组合下系统均衡状态，得出惩罚机制对群体合作行为的影响。对本研究有支撑意义的模型具体如下。

4.2.1　联合惩罚下的空间公共品博弈模型

一是无惩罚下的博弈模型。假设项目孵化的总成本为 I，孵化器独立孵化取得的收入为 R。孵化器采用"成本分担、收益共享"的方式，与联盟内有合作意愿的孵化器合作孵化项目，则合作收入和孵化成本在它们之间平均分配。企业通过分工协作形式的协同效应能成倍增加产出，合作孵化由于协同效应也能提高总的收入水平。综上所述，孵化器 在博弈过程中可采取4 种策略，即"资源共享＋合作孵化""资源共享＋独立孵化""搭便车＋合作孵化""搭便车＋独立孵化"，取得的收益 P 分别为：

$$P_{CC} = k_1 \frac{N_{CC} + N_{CD}}{N} - 1 + \frac{k_2 R - I}{N_{CC} + N_{DC}}$$

$$P_{CD} = k_1 \frac{N_{CC} + N_{CD}}{N} - 1 + R - I$$

$$P_{DC} = k_1 \frac{N_{CC} + N_{CD}}{N} + \frac{k_2 R - I}{N_{CC} + N_{DC}}$$

$$P_{DD} = k_1 \frac{N_{CC} + N_{CD}}{N} + R - I$$

（4-4）

其中，k_1 为公共品回报乘数，表示资源共享的协同效应；k_2 为合作孵化乘数，表示合作孵化的协同效应；N_{CC} 为采取"资源共享 + 合作孵化"策略的孵化器数量；N_{CD} 为采取"资源共享 + 独立孵化"策略的孵化器数量；N_{DC} 为采取"搭便车 + 合作孵化"策略的孵化器数量；N_{DD} 分别为采取"搭便车 + 独立孵化"策略的孵化器数量。

二是联合惩罚下的博弈模型。假设资源共享者联合起来对每个"搭便车"者的惩罚为 $\beta/(N-1)$，同时惩罚行为产生一定的成本，每个资源共享者付出的惩罚成本为 $\gamma/(N-1)$，$N-1$ 为群体规模的尺度。例如，某个"搭便车"者的周围全是资源共享者时，它承受最高的惩罚 β；某个资源共享者的周围全是"搭便车"者时，它承担最高的惩罚成本 γ。联合惩罚机制下，采取4 种博弈策略所取得的收益分别为：

$$P_{CC} = k_1 \frac{N_{CC} + N_{CD}}{N} - 1 - \gamma \frac{N_{DC} + N_{DD}}{N-1} + \frac{k_2 R - I}{N_{CC} + N_{DC}}$$

$$P_{CD} = k_1 \frac{N_{CC} + N_{CD}}{N} - 1 - \gamma \frac{N_{DC} + N_{DD}}{N-1} + R - I$$

$$P_{DC} = k_1 \frac{N_{CC} + N_{CD}}{N} - \beta \frac{N_{CC} + N_{CD}}{N-1} + \frac{k_2 R - I}{N_{CC} + N_{DC}}$$

$$P_{DD} = k_1 \frac{N_{CC} + N_{CD}}{N} - \beta \frac{N_{CC} + N_{CD}}{N-1} + R - I$$

（4-5）

赵黎明等（2016）采用异步更新机制，利用 Monte Carlo Step（MCS）模拟方法开展了以上无惩罚与联合惩罚机制公共品博弈模型对比下的孵化器区域性联盟稳定性仿真。

4.2.2　一阶惩罚和二阶惩罚下的公共品博弈模型

考虑参与人数为 N 的公共品投资博弈，每个参与人可选择投资或不投资，

投资的成本为 c ，投资回报系数为 r （ $1<r<N$ ），由所投资物品的公共属性，每个参与人可以非排它地使用此物品而获得平均收益。当群体中选择投资的人数为 i 时，选择投资策略收益为 $rci/N-c$ ，选择不投资策略收益为 rci/N ，显然不投资是严格占优策略。理性人都会选择不投资，导致所有参与人收益都为0。但若所有参与人都选择投资策略，每个参与人的收益都可以达到 $(r-1)c>0$ 。此模型描述了个人在对公共品进行投资时，个体理性与集体理性之间的冲突。将投资策略记为合作 C ；不投资策略记为背叛 D ；引入惩罚策略记为 P ，此策略表示不仅进行投资，还选择性地对其他策略进行惩罚，施加惩罚会给自身带来额外成本，设惩罚的单位成本为 γ ，惩罚系数为 $\beta(\beta>\gamma)$ ，下面考虑两种惩罚情形。

（1）一阶惩罚机制下的博弈模型。在此情形下，惩罚策略是指对背叛策略的惩罚。设惩罚策略以 α_1 的概率随机地对背叛策略进行惩罚。当群体中选择合作、背叛、惩罚策略的人数分别为 i 、 j 、 $N-i-j$ 时，这三种策略的收益分别为：

$$\pi_C^{(i,j)} = \frac{rc(N-j)}{N} - c \qquad (i \neq 0)$$

$$\pi_C^{(i,j)} = \frac{rc(N-j)}{N} - \alpha_1\beta(N-i-j) \qquad (j \neq 0)$$

$$\pi_P^{(i,j)} = \frac{rc(N-j)}{N} - c - \alpha_1\gamma j - \alpha_2\gamma i \qquad (N-i-j \neq 0)$$

（2）二阶惩罚机制下的博弈模型。在此情形下，惩罚策略除了指对背叛策略的惩罚，还包括对不惩罚背叛策略的合作策略进行的惩罚。设对背叛策略和合作策略惩罚的概率分别为 α_1 和 α_2 。当群体中选择合作，背叛，惩罚策略的人数分别为 i , j , $N-i-j$ 时，这三种策略的收益分别为：

$$\pi_C^{(i,j)} = \frac{rc(N-j)}{N} - c - \alpha_2\beta(N-i-j) \qquad (i \neq 0)$$

$$\pi_C^{(i,j)} = \frac{rc(N-j)}{N} - \alpha_1\beta(N-i-j) \qquad (j \neq 0)$$

$$\pi_P^{(i,j)} = \frac{rc(N-j)}{N} - c - \alpha_1 \gamma j - \alpha_2 \gamma i \quad (N-i-j \neq 0)$$

显然，当 $\alpha_2 = 0$ 时，二阶惩罚情形退化为一阶惩罚情形，因此，可将一阶惩罚情形作为二阶下的一个特例。下面以二阶惩罚情形下的表达式为基础来分析策略演化和系统均衡。

全吉等（2019）分析了当系统噪音充分小时，惩罚成本，惩罚系数、惩罚概率等不同的惩罚参数设置下，其对系统均衡及群体合作行为的影响，并与复制动态模型相比，均衡结果具有更好的稳定性。

在公共品博弈中，人们不会完全出于自利心理而采取"搭便车"行为，公共品自愿供给合作现象时常会出现，经济学、心理学、生物学、社会学等都从不同角度进行了解释，比如这可能来自人们的互动公平、利他、损失规避和参考依赖等社会偏好等因素，也可能是受惩罚机制、奖励机制、选择性参与机制等社会机制因素的影响。进一步，以上博弈模型中，无论是联合惩罚机制、一阶惩罚机制或是二阶惩罚机制的设计，均与现实生活中情景相贴合，即人们凭借自利的基础性偏好以及利他、互动公平等组合性社会偏好心理会对不公平或背叛现象付出惩罚行为，从而在组合性均衡思维下达到一种系统稳定状态。

4.3　组织内公共品自愿供给的行为博弈模型

随着经济和生活水平的日益增长，人们对公共品的需求和质量的要求也不断提高。根据萨谬尔森给出的定义，纯公共品具有非排他性、非竞争性、外部经济性的特征，是由政府等公共部门供给的，或者私人不愿或无法供给而必须由公共部门供给的服务和产品，而且任一社会成员消费此类公共品后，不会减少其他社会成员对该公共品的消费。准公共品是指可由政府供给、私人供给或者二者合作供给的公共品，它具有有限非竞争性或非排他性的特征，此类公共品介于纯公共品和私人产品之间，如公路、政府兴建的公园、教育等。现实中，单靠政府财政投入已不能满足所有公共品服务的需求。科斯的论文《经济学上的灯塔》中，由私人自愿供给公共品的可能性已得到了证实。在慈善捐赠、志愿者服务以及环境保护等众多领域，均涉及公共品私人自愿供给行为。

组织内公共品自愿供给者来源于组织成员，其供给模式可以是由私人市场、私人市场与政府部门合作或者个体自主等供给形式去提供公共品。汪贤裕等（2006）构建了企业内经理和员工作为理性经济人的博弈模型，研究了企业内公共品自愿投资行为。蒲龙（2013）构建了从个人视角下获得消费者效用最大化的环境公共品模型，证明了个人财富量和其对环境公共品特有的偏好将决定个人公共品的自愿供给行为。刘艳（2019）以民间图书共享为例，在博弈论视角下开展了准公共品私人自愿供给研究。也有学者建立了组织内公共物品的自愿供给行为模型，并以此为背景分析了组织内成员的供给决策，其探讨的这种供给模式更多地趋向于私人市场、个体自主自愿进行公共品供给。

4.3.1 私人自愿供给公共品模式

公共品供给模式呈现多样化的趋势，包括政府供给、公私合作供给、私人供给等。政府供给模式是建立不受制约的中央集权制度，由政府部门提供公共品。以萨缪尔森为代表的福利经济学家们认为，由市场机制进行公共品供给所带来的排他成本很高，为了有效解决公共品的非竞争性、非排他性以及正外部性而引起的"搭便车"现象，通过政府部门提供公共品比私人市场更为有效。公私合作供给模式是建立和界定明确的私有产权制度，通过私人市场或私人市场与政府部门合作的模式去提供公共品。另外，随着博弈论、行为经济学、实验经济学的兴起，越来越多的学者发现通过产权的界定等措施，私人自愿供给可以解决一些特定公共品的供给问题。

对于用私人自愿供给机制来解决公共品供给问题的解释主要集中在以下几个方面。一是产权的清晰化。Goldin（1977）、Demsetz（1993）等一批主张自由主义市场经济的学者认为，通过产权的界定等措施能有效避免公共品的非排他性，私人市场可以有效地提供一些特定公共品。同时，作为特定公共品的消费者可以依照一致性统一原则签订对应契约，有效避免"搭便车"问题。二是自组织模式的供给。关于公共品供给制度存在的缺陷，"公地悲剧"和"集体行动的逻辑"是解释其问题所在的最具典型性的理论。由于范围太广，大群体中的成员之间往往意见难以统一，相反小群体的成员却能够达成共识。公共品在一个范围较小的群体内，可由其成员来供给。三是实验经济学及其他新兴经济学的解释。通过公共品自愿供给机制，研究学者利用相关实验数据实证检验了公共品私人自愿供给机制的大量事实。

诸多学者通过模型及应用实例来证明公共品自愿供给机制具有其应用价值。樊丽明等（2003）以中国福利彩票筹资为例，对中国公共品自愿供给进行了实证分析。刘秉镰等（2007）以中国交通基础设施投资为例，构建了政府与私人投资的三重博弈模型，对准公共品私人供给机制进行了分析。庞娟（2010）运用重复博弈的方法，引入相应的激励机制，对农村社区公共品自愿供给进行了研究。汪贤裕等（2006）构建了企业内经理和员工作为理性经济人的博弈模型，研究了企业内公共品自愿投资行为。刘艳以民间图书共享为例，在博弈论视角下开展了准公共品私人自愿供给研究。

通过国内外有关公共品自愿供给研究文献的回顾可知，无论是政府供给模式、公私合作供给模式，还是私人供给模式均能在一定程度上化解公共品合作困境。其中，越来越多的学者开始关注私人自愿供给机制。学术界从产权的清晰化、自组织模式的供给、实验经济学及其他新兴经济学等出发，很好地解释了私人自愿供给行为和动机，而较少有专门针对组织内部公共品自愿供给现象进行研究。因此，本节试图构建组织内公共品自愿供给的行为博弈模型，来分析供给成员的行为决策。

4.3.2　模型构建及分析

为了便于建立组织内公共品自愿供给博弈模型，假设即将完成每一项公共品的组织内所有成员有一笔收入仅有两种用途，一是用于公共品自愿供给，二是用于其他投资供给，而其他投资涵盖了储蓄、消费以及其他部分。因组织内的成员收入水平不同，其对公共品自愿供给以及其他投资供给二者之间的偏好也有所不同。

4.3.2.1 博弈模型的建立

假设组织内共有 n 个成员，每个成员均为理性经济人，成员 i 的收入为 R_i，公共品自愿供给 g_i，其他投资供给 c_i，则组织内成员 i 的个人收入约束条件为：

$$R_i = p_g g_i + p_c c_i \qquad i = 1, 2, \cdots, n \qquad (4\text{-}6)$$

其中，p_g 为公共品自愿供给的支付价格，p_c 为其他投资供给的支付价格，且在短期内 p_g、p_c 为常数。

由于组织内所有成员自愿共同对公共品进行投资供给，则公共品自愿供给总量为 $G = \sum_{i=1}^{n} g_i$。那么，组织内成员 i 的效用函数可用下式来表示：

$$U_i = G^{\alpha_i} c_i^{\beta_i} \qquad i = 1, 2, \cdots, n \qquad (4\text{-}7)$$

其中，α_i 为组织内成员 i 对公共品自愿供给的效用弹性；β_i 为组织内成员 i 对其他投资供给的效用弹性，即有 $\alpha_i = \dfrac{\Delta U_i / U_i}{\Delta G / G}$、$\beta_i = \dfrac{\Delta U_i / U_i}{\Delta c_i / c_i}$，$\alpha_i$、$\beta_i$ 均为常数，$\alpha_i > 0$，$\beta_i > 0$ 表示在短期内组织内成员 i 对公共品自愿供给以及其他投资供给的偏好程度不变。

在给定组织内其他成员的策略选择情况下，组织内成员 i 作为理性经济人是以自身效用最大化为目标，将选择自身的最优策略。由此，构建组织内公共品自愿供给的博弈模型为：

$$\max \left\{ U_i \middle| U_i = G^{\alpha_i} c_i^{\beta_i}, \ i = 0, 1, 2, \cdots, n \right\}$$

$$\text{s.t.} \begin{cases} R_i = p_g g_i + p_c c_i \\ G = \sum_{i}^{n} g_i \\ g_i, c_i \geqslant 0 \\ i = 1, 2, \cdots, n \end{cases} \qquad (4\text{-}8)$$

4.3.2.2　博弈模型的求解及分析

以上组织内公共品自愿供给模型为 n 人博弈模型，为使效用函数在上述约束条件下取得极值，建立拉格朗日函数为：

设：$L_i = U_i(g_i, c_i) + \lambda(R_i - p_g g_i + p_c c_i)$。其中，$\lambda$ 为拉格朗日乘数。

则最优化一阶条件为：

$$\frac{\partial L_i}{\partial c_i} = \frac{\partial U_i}{\partial c_i} - \lambda p_c = 0 \qquad 即\ \alpha_i c_i^{\alpha_i - 1} G^{\beta_i} = \lambda p_c \qquad （4-9）$$

$$\frac{\partial L_i}{\partial g_i} = \frac{\partial U_i}{\partial g_i} - \lambda p_g = 0 \qquad 即\ \beta_i c_i^{\alpha_i} G^{\beta_i - 1} = \lambda p_g \qquad （4-10）$$

由公式（4-9）和公式（4-10）得到：

$$\frac{\partial U_i / \partial c_i}{\partial U_i / \partial g_i} = \frac{\alpha_i}{\beta_i} \frac{G}{c_i} = \frac{p_c}{p_g}$$

求解得出组织内成员对公共品自愿供给数量为：

$$g_i^* = \frac{1}{p_g} \left[R_i - \frac{\left(\dfrac{\beta_i}{\alpha_i}\right) R}{\left(1 + \displaystyle\sum_{i=1}^{n} \dfrac{\beta_i}{\alpha_i}\right)} \right] \qquad （4-11）$$

（1）组织内成员公共品自愿供给数量分析。

从公式（4-11）可以看出，组织内成员公共品自愿供给数量 g_i^* 与 R_i、α_i、β_i 相关。因组织内成员 i 对公共品自愿供给以及其他投资供给二者之间的偏好不同，α_i、β_i。假设 α_H 和 α_L 分别体现了高收入成员和低收入成员由公共品供给 G 的变动而引起效用水平的变动。一般情况下，高收入成员在满足了生活基本需要之外，对公共环境有了更高要求，则由 G 引起的高收入者的弹性系数要高于低收入者的弹性系数，即 $\alpha_H > \alpha_L$。假设 β_H 和 β_L 分别体现了高收入成员和低收入成员由其他投资供给的变动而引起的效用水平的变动。一般情况下低收入成员比高收入成员对储蓄、消费和其他投资供给部分的需求程度更高，则由 c_i 引起高收入者的弹性系数要低于低收入者的弹性系数，即 $\beta_H < \beta_L$。

令 $R = \sum_{i=1}^{n} R_i$ 为组织内所有成员的总收入，$K_i = \beta_i / \alpha_i$ 为组织内成员 i 的特征常数，体现了每个成员的行为偏好特征。

则公共品自愿供给总量为：

$$G^* = \sum_{i=1}^{n} g_i = \frac{R}{p_g \left(1 + \sum_{i=1}^{n} K_i\right)} \tag{4-12}$$

其中，

$$\frac{\partial g_i^*}{\partial K_i} = -\frac{R}{p_g} \frac{1 + \sum_{j \neq i, j=1}^{n} K_j}{\left(1 + \sum_{j=1}^{n} K_j\right)^2} < 0 \tag{4-13}$$

$$\frac{\partial G^*}{\partial K_i} = -\frac{R}{p_g} \frac{1}{\left(1 + \sum_{i=1}^{n} K_i\right)^2} < 0 \tag{4-14}$$

由公式（4-13）可以看出，当 $g_i^* > 0$，K_i 越小，那么组织内每个成员的公共品自愿供给数量以及所有成员的投资总量会越大。

从公式（4-14）还可以得到：$\partial g_i^* / \partial R_i > 0$、$\partial g_i^* / \partial \alpha_i > 0$、$\partial g_i^* / \partial \beta_i < 0$。

（2）模型结果分析。

一是组织内成员对公共品自愿供给数量随着成员收入 R_i 的增加而增加。

二是组织内成员对公共品自愿供给数量随着公共品自愿供给弹性系数 α_i 的增加而增加。由 $\alpha_H > \alpha_L$ 可知，组织内高收入成员由公共品投资 G 增加带来的效用增量变化要大于低收入成员，那么高收入成员比低收入成员对公共品自愿供给意愿更高。

三是组织内成员对公共品自愿供给数量随着其他投资弹性系数 β_i 的增加而减少。由 $\beta_H < \beta_L$ 可知，组织内高收入成员由其他投资 c_i 增加带来的效用增量变化小于低收入成员，那么组织内高收入成员更愿意拿出一部分收入对公共品进行投资。

　　随着成员收入、公共品自愿供给弹性系数和其他投资弹性系数的增加，组织内成员的公共品自愿供给数量会随之发生不同变化。现实生活中，组织内部存在不同成员之间收入差距较大的情况，所以不能保证所有成员都满足公共品自愿供给数量大于零的条件。由于收入较低、供给意愿不强烈等原因，对于不满足公共品自愿供给数量大于零的成员，其收入主要用于消费、储蓄或其他投资。由此可以看出，提高低收入人群的收入以及合理控制收入差距可以促进组织内成员增加公共品自愿供给。

　　在组织内公共品自愿供给过程中，与集体行动成果具有公共性的特征相同，没有进行公共品自愿供给的组织成员可以与进行了公共品自愿供给的组织成员享用无差别的公共品。组织越大，其内部成员的要求与组织目标不契合的情况就会越多，这会使得公共品供给合作达不到最优结果。为了避免这种现象的产生，我们建议的方法是组织内所有成员无论收入高低，都需提供组织内部规定的最低公共品供给数量。在所有成员一致达成最低公共品供给数量的共识和前提之下，组织内成员可以自愿提供数额不同的公共品。

第5章 公共品自愿供给合作的行为科学实验

近30年来，行为和实验经济学通过一系列的行为博弈实验证据发现，人类普遍存在超越传统经济学中"理性经济人"假设的亲社会性行为。公共品博弈合作的实验经验以及现实社会的公共品合作经验表明，人们并非如传统经济学经典理论预测的那样一直出现公共品自愿供给不足甚至枯竭现象，这些实验证据和现实经验揭示了人类的真实偏好结构。那么有必要以行为科学实验为契机，将互动公平、利他、损失规避、参考依赖等人类社会性情感或社会偏好与自利的基础性偏好相结合，引入经济学的分析框架中来，并以博弈论为基本的分析工具构建新的组合性博弈均衡，来解释实验经济学所揭示的一系列悖论。

在本章中，我们将通过国内开展的行为科学实验来研究惩罚机制下公共品自愿供给的组合性均衡博弈行为，重点考察的问题包括：在行为科学实验中设置企业环保投资的公共品博弈现实背景，行为人都会呈现出何种社会偏好，抑或是哪种组合性的社会偏好？这些社会偏好对公共品自愿供给合作会带来何种影响？哪种惩罚机制适合引入此公共品博弈中？此种惩罚机制又会对公共品自愿供给合作带来何种影响？我们基于组合性社会偏好视角，引入企业环保投资的实验背景，设计了由等资源型合作公共品博弈实验和集中式惩罚公共品博弈实验组成的二合一实验，考察了集中式惩罚及组合性社会偏好对企业环保投资行为的影响。

5.1 引言

2020年9月，习近平总书记向世界庄严宣布中国要在2030年实现碳达峰、2060年实现碳中和的"30·60目标"。尽管国家相继修订施行了《环境保护法》《环境保护税法》等一系列法律法规和政策，但是，应看到我国环境污染和生态问题形势依然严峻，要如期实现这一目标仍然任重道远。2020年公布的《第二次全国污染源普查公报》披露，2017年度我国工业企业向水体排放污染物质高达112.59万吨，其中氰化物54.73吨，重金属176.40吨；向大气排放污染物质高达2 927.14万吨；一般工业固体废物产生量38.68亿吨，危险废物产生量6 581.45万吨。企业违法违规排放污染物，导致生态环境遭到破坏的事件屡屡在媒体曝光，总体上政府立法和监督成效尚不及预期。

根据环境保护坚持"损害担责"的原则①，企业作为环境污染主要制造者理应承担环境保护责任，有义务加大环保投资规模，积极改善生态环境。但由于外部性和合作困境的存在，环保投资作为一种特殊的公共品常常出现供给不足的现象。政府通常运用惩罚、执法监督、环保约谈等环境规制手段，要求企业采取诸如缴纳超标准排污费、使用废弃物综合利用和污染物处理技术、建设防治污染设施等环保投资行为来防治环境污染。企业一旦发生环境违规案件，将面临合法性威胁和处罚风险。现有研究表明，在特定的管理者特征、产权性质以及环境规制形式等条件下，环境规制对企业环保投资能产生一定的积极作用。学者们发现，通过惩罚改变合作主体的支付结构，有时会加强社会主体之间的合作，有时则会破坏社会主体之间的人际信任。然而，我们认为这些研究并没有充分考虑企业社会偏好的影响。在现实生活中，在同一环境规制条件下，有些企业由于存在利他、互动公平的组合性社会偏好，具有较强的社会道德及社会责任感，愿意参与环保投资合作并主动提高环保投资水平；而另外一些企

① 2015年《中华人民共和国环境保护法》第五条规定：环境保护坚持保护优先、预防为主、综合治理、公众参与、损害担责的原则。

业却缺乏环保意愿，存在环保投资不足的非合作现象。企业环保投资合作作为一种典型的公共品博弈，合作目标达成与否取决于博弈方的自愿供给行为，社会主体采取"搭便车"策略或者合作策略的行为很可能受其组合性社会偏好的影响。组合性社会偏好融合了社会主体的多元化行为倾向，能体现其主动而非被动的主观意愿，而已有研究中，尚缺乏对组合性社会偏好与企业环保投资行为关系的研究。

如果企业的环保投资行为高度依赖于企业决策者的博弈策略行为，那么，组合性社会偏好对企业决策者的环保投资行为是否有显著影响，以及产生何种影响？兼顾组合性社会偏好后惩罚机制能否有效破除企业环保投资合作困境？这些有意义的问题值得我们深究。为了考察企业组合性社会偏好下，惩罚机制对企业环保投资水平的变化的影响以及检验政策实施效果，我们试图利用实验经济学方法，以企业环保投资为实验背景，设计相关公共品博弈实验来模拟企业间的策略互动，并结合行为主体的组合性社会偏好测度，探讨企业进行环保投资的行为差异性以及组合性社会偏好下集中式惩罚对企业环保投资合作的影响。

5.2　异质性偏好与惩罚机制

随着行为经济学与实验经济学的兴起，国内外学者对公共品自愿供给合作问题进行了大量实验研究。社会成员的社会偏好影响了公共品自愿供给合作。按照传统经济人假设，公共品供给将趋于枯竭，然而，人们的亲社会性偏好使得大量公共品自愿供给现象依然存在。自利偏好被一致认为是一种基础性偏好，除此之外，学者们还研究了影响公共品自愿供给的各种社会偏好，包括利他偏好、互动公平偏好及其他个人道德和社会责任等，这些组合性社会偏好概念的出现明显地表达了与自利偏好不一致的立场。

利他偏好是指人们出于对他人福利或者社会总福利的关心而愿意牺牲自身的福利。人们的利他偏好使其自身效用与他人的利益呈正相关，为了他人或集体利益他们会表现出更多善意的举动。Trivers（1971）最早运用囚徒困境博弈分析了个体在自私世界里会产生互惠利他行为。赵玉洁等（2008）认为利他惩罚行为有利于人们走出囚徒困境。Kułakowski 等（2009）发现利他偏好和声誉机制能够促进合作。陈哲等（2018）认为利他偏好会对公共项目参与方努力行为产生正面作用。Burum 等（2020）提到并非所有的利他行为都是有效的，诸如每年慈善机构的许多捐款并未取得预期效果。Fehr 等（2003）指出人类的利他主义是强大的力量，但是个体之间存在很大的异质性，利他主义者和自私个体之间的交互作用对于人类合作至关重要。

互动公平偏好是指博弈中的特定主体不仅关心自身利益，同时也关心相关利益主体间的公平与互动。Kahneman 等（1979）以及 Rabin（1993）是互动公平偏好理论研究的先驱者。Dufwenberg 等（2004）创造性地提出"序列互动均衡"这一概念，促使公平概念能够在动态博弈中得以拓展。而 Fehr 等（2001）综述了互动公平理论的产生、演变和发展，进一步指明理论发展的方向。Charness 等（2000）建立了一个非常重要的互动公平偏好模型。诸多学者指出互动公平偏好对团队合作行为选择存在不同程度影响，无论是维持低水平的合作，还是积极的相互促进作用，抑或是不确定影响，都预示着互动性和公平性在主体行为中发挥了巨大作用，这两个准则显著影响着经济主体的行为决策。

惩罚机制也影响了公共品自愿供给合作。Fehr 等（2000）在公共品博弈实验中发现，惩罚机制会使人们做出违背传统经济人假设的行为。此后，学者们的惩罚机制设计大多是分散式同侪惩罚，即所有群体内部成员既作为参与者也作为管理者，他们均具有惩罚权力去进行相互惩罚。然而，在执行分散式同侪惩罚时常常存在协调问题，群体内部成员因缺乏沟通会出现惩罚过度和惩罚不足的现象，导致难以维持合作秩序。相较而言，Rick 等（2009）和韦倩等（2019）的研究更多地涉及集中式惩罚，即将惩罚的权力集中到部分或单一决策者手中，他以更明确的规则去执行惩罚制度而不会出现群体内部的协调问题。通过公共品博弈实验，Kingsley 等（2016）指出在公共品博弈实验中，引入来自外部主体的集中式惩罚时的群体合作水平比引入来自内部主体的分散式惩罚时更高。

通过上述文献梳理可以发现，国内外学者逐步意识到社会偏好、惩罚机制的不同会对公共品供给水平产生影响，他们侧重于对不同惩罚机制及其组合在公共品自愿供给过程中作用的研究，而将多种社会偏好和集中式惩罚相结合的研究不多。同时很少有研究将企业环保投资的现实背景引入实验中。鉴于此，我们从组合性社会偏好视角设计的集中式惩罚与企业环保投资行为实验研究恰好弥补了上述研究的不足。

5.3　行为科学实验设计

通过等资源型合作公共品博弈实验和集中式惩罚公共品博弈实验组成的二合一行为科学实验设计，研究单个企业成员与企业小组在环保投资过程中的资源投资行为与合作过程。具体实验方案设计如下。

5.3.1　被试对象选取

早期 Smith 等（1988）、Dyer 等（1989）发现，从自然市场招募的实验被试对象和高校学生对比的实验行为并无显著差异。因此，我们在中南大学和湖南财政经济学院的在校本科生中选取所有被试对象，他们均自愿参与并在闲暇时间完成实验。实验地点分别为中南大学行为科学实验中心和湖南财政经济学院实验实训中心。整个实验运用 Z-tree 实验软件平台进行编程，学生在计算机上完成所有实验步骤。

5.3.2　实验与现实一致性设计

为了使实验更好地贴近企业环保投资的现实情境，我们进行了以下两方面的实验设计：一方面，与传统公共品博弈实验无目标阈值不同，我们的实验限定了企业环保投资成功达成目标的资源投资总额。Abele 等（2010）指出在层级公共品博弈中存在一个下限（Provision Point），通常代表的是团队贡献要达到的公共资源或公共品的目标价值。为此，在我们的公共品博弈实验中，设

　　置仅当所有企业环保投资总额达到限定目标值时，企业才算合作成功。如此设计是因为现实生活中，环保投资需多方协同才能达到改善生态环境的目标。那么，加入目标阈值的实验设计更加符合实际情况。另一方面，为了增强实验被试对象参与企业环保投资合作的情境代入感，在正式实验开始前，被试对象将阅读一份关于企业环保投资的实验说明，主要包括我国的环境保护相关政策、不同企业的环保投资做法及要求等内容。此步骤便于被试对象充分了解环保政策并切身感受企业所处环境，让其在企业环保投资实验中的行为更加接近企业现实。

5.3.3　实验变量描述

　　假设在企业环保投资合作过程中，同一小组中共3家企业，它们共同对某一环保投资公共项目进行投资。第 j 小组中，企业 i 拥有的初始资源为 e_{ij}，$i \in 1, 2, 3$，$j \in 1, 2, \cdots, N$。每轮实验的资源投资额为 c_{ij}，小组资源投资总额则为 $T_j = \sum_{i=1}^{3} c_{ij}$，企业 i 获得的公共收益 U_{ij} 用以下分段函数表示：

$$U_{ij} = \begin{cases} e_{ij} - c_{ij}, & T_j \geqslant 150 \\ 0 & T_j < 150 \end{cases} \tag{5-1}$$

　　用于数据统计的实验变量主要包括：

　　（1）单个企业资源投资额 c_{ij}。此变量用来考察不同实验轮次下的企业资源投资演变及其总体分布情况。

　　（2）小组平均资源投资总额 T。不同实验方案的各轮实验中，第 j 小组中3家企业的资源投资额之和为 $T_j = \sum_{i=1}^{3} c_{ij}$，则所有小组平均资源投资总额为 $\overline{T} = \sum_{j=1}^{N} \sum_{i=1}^{3} c_{ij} \Big/ N$。

　　（3）资源投资率包括单个企业资源投资率 $Ratio_i$ 和小组平均资源投资率 $Ratio_j$。$Ratio_i$ 是指企业进行环保投资的资源数量与其初始资源数量的比值，体现了单个企业的贡献度，用公式 $Ratio_i = c_{ij}/e_{ij}$ 表示。$Ratio_j$ 是指同一小组中3家企业的资源投资总额与初始资源总额的比值，体现了整个小组的合作意愿，用公式 $Ratio_j = \sum_{i=1}^{3} c_{ij} \Big/ \sum_{i=1}^{3} e_{ij}$ 表示。

（4）合作成功率 $Ratio_S$。同一实验轮次下，小组资源投资总额 $T_j \geqslant 150$ 时的组数 m 与实验参与总组数 N 的比值，表示成功完成企业环保投资公共项目的概率，用公式 $Ratio_S = m/N$ 表示。

5.3.4 实验流程设计

5.3.4.1 阅读实验说明

实验被试对象将阅读实验员发放的一份实验说明。所有被试对象的手机和随身物品不允许带入实验室，实验员会发放一支笔和一份稿纸供他们进行投资测算。实验员将强调以下注意事项：

（1）匿名性。被试对象抽签对号入座后，计算机生成实验编号进行随机分组，被试对象不知本组其他成员的个人身份。

（2）独立性。被试对象独立完成所有的实验步骤，实验期间不允许与他人交流。

（3）隐私性。被试对象的实验报酬将由实验员核算并装入信封，仅其本人知晓金额。

5.3.4.2 填写偏好测度问卷

实验被试对象将填写一份偏好测度问卷。问卷内容第一部分是关于个人信息的调查，包含年龄、性别、年级、父母教育水平、是否为独生子女、成绩排名、担任学生干部经历、教育贷款经历及有无实验经历等基本内容。第二部分是关于偏好测度的量表问题调查，包含自利偏好、利他偏好以及互动公平偏好3个方面的调查内容。自利偏好设置了关于被试对象个人利益方面的3个问题；利他偏好设置了关于被试对象关心他人及团队利益方面的4个问题；互动公平偏好设置了关于被试对象如何看待他人善意行为和敌对行为的5个问题。不同偏好分别用量表问题表示，并通过变异系数法分别构造相应的偏好指数。

5.3.4.3　完成公共品博弈实验

我们运用 Z-tree 实验平台设计了企业环保投资合作的两个公共品博弈实验，每种实验进行4轮，每轮实验均保持同一初始资源。每轮实验完成后，被试对象可知晓同一小组的资源投资总额，以及是否成功完成企业环保投资项目的结果，被试对象据此判断下一轮实验的资源投资额。上一轮实验剩余的资源数量及收益均不计入下一轮实验中，具体实验内容如下。

实验一为等资源型合作公共品博弈实验（ER_treatment）[①]。在该实验局中，每3人随机分为一组，分别代表3家不同的企业做出选择。实验开始时，3家企业的初始资源 e_{ij} 组合为（100, 100, 100），企业环保投资公共项目的边际投资回报率 MPCR 为0.4，单个企业的初始资源不足以完成公共项目，仅当 $T_j \geqslant 150$，公共项目成功后才能产生公共收益。实验过程中，计算机随机分配3人为一个合作组，并呈现本轮实验的初始禀赋，所有被试对象填写投入公共项目的投资额后，系统自动判断本轮实验项目合作是否成功。例如，某一轮实验中，第 j 小组3家企业投入公共项目的资源投资额 c_i 依次为（50, 50, 60），有 $T_j > 150$，本轮项目投资成功，公共收益分别为（64, 64, 64），3家企业最终剩余资产依次为（114, 114, 104）。若3家企业本轮投入公共项目的投资额 c_i 依次为（50, 50, 40），有 $T_j < 150$，本轮项目投资失败且无公共收益，3家企业剩余资产依次为（50, 50, 60）。

实验二为集中式惩罚公共品博弈实验（TP_treatment）[②]。实验二在实验一的前提下，引入了集中式惩罚。实验分为两个阶段。第一阶段为投资阶段，即3家企业向公共项目投资；第二阶段为惩罚阶段，由实验平台自动进行惩罚，惩罚系数为0.2。若被试对象在公共项目的资源投资率小于该组成员的平均资源投资率，则该被试对象将受到惩罚，惩罚方式为被试对象的原有剩余资产减少20%。例如，第 j 小组中 a、b、c 3家企业的初始禀赋分别为100、100、100。a、b、

---

c 3家企业本轮投入公共项目的投资额分别为50、60、65，有 $T_j > 150$，本轮项目投资成功。由于 a 对公共项目的资源投资率为50%，低于该组成员的平均资源投资率59%，a 将受到惩罚。b、c 对公共项目的资源投资率高于平均资源投资率，未受惩罚。a、b、c 3家企业投资后的原有剩余资产为121、111、104，惩罚执行后，a、b、c 3家企业最终剩余资产为97、111、104。

5.3.4.4　发放实验报酬

在实验被试对象完成以上所有实验流程后，计算机将自动计算实验报酬，其中包含5元的固定出场费用，以及按1%的比例兑换实验资源总额的所得收益。实验员将在指定信封中装入现金，被试对象获取实验报酬后离场，即实验结束。

5.4　行为科学实验结果分析

我们于2020年12月在中南大学和湖南财政经济学院招募了105名本科生，分为5批参与了实验，其中男生占比29%，女生占比71%，平均年龄为19.19岁。在实验过程中，共发放105份偏好测度调查问卷，有效问卷回收率为100%。每场实验耗时60分钟左右，实验结束后平均每个学生获得19.8元的实验报酬。按照经济学实验室实验的规范和要求，我们完成了所有实验操作。本实验主要运用非参数检验方法进行实验数据分析。

5.4.1　组合性社会偏好

我们以小组中的个体成员为单位，从不同实验轮次下三家企业用于环保投资合作的资源投资额和资源投资率的描述性统计、差异性检验来观察实验被试对象的行为决策。

表5-1分别列出了等资源型合作公共品博弈实验和集中式惩罚公共品博弈实验的4轮实验中，企业各轮实验的资源投资额均值、标准差、中位数以及众数。首先，从单个实验的角度来看，大体呈现出企业资源投资额随轮次逐步上

升的趋势。例如，在等资源型合作公共品博弈实验中，第2轮、第3轮及第4轮实验的投资额均值分别比第1轮高2.32、1.32和2.32。在集中式惩罚公共品博弈实验中，第2轮实验的投资额均值分别比第1轮高2；第3轮实验比第1轮高5，第4轮实验与第3轮实验投资额均值基本持平。其次，在被试对象知晓仅进行4轮实验的前提下，从两种实验各轮平均资源投资额均值来看，第1轮实验的平均资源投资额均值为52.34；第2轮为54.5；第3轮为56.5；第4轮为57，依然呈现上升趋势。最后，依次对应不同实验轮次，显然集中式惩罚公共品博弈实验的企业资源投资额均值要高于等资源型合作公共品博弈实验。

表5-1　不同实验轮次的企业资源投资额

	等资源型合作公共品博弈实验				集中式惩罚公共品博弈实验			
	第1轮	第2轮	第3轮	第4轮	第1轮	第2轮	第3轮	第4轮
均值	48.68	51	50	51	56	58	63	63
标准差	14.82	13.63	11.64	12.98	15.21	15.75	17.94	21.39
中位数	50	50	50	51	55	60	63	65
众数	45	45	50	60	55	60	80	80

表5-2列出了等资源型合作公共品博弈实验和集中式惩罚公共品博弈实验中，将第1轮到第4轮实验的企业资源投资率汇总后，得出企业资源投资率的均值、标准差、中位数以及众数。进一步看出，企业各轮实验的资源投资率均值大小顺序依然为集中式惩罚公共品博弈实验大于等资源型合作公共品博弈实验。

表5-3列出了等资源型合作公共品博弈实验和集中式惩罚公共品博弈实验的4轮实验中，每轮实验企业资源投资额均值两两比对的 Mann-Whitney U 检验。从数据检验结果可以看出，在等资源型合作公共品博弈实验和集中式惩罚公共品博弈实验的第1轮到第4轮实验中，两种实验同一轮次数据序列对的伴随概率均小于显著水平0.05，则可以拒绝原假设，认为两种实验中每轮实验的企业资源投资额存在显著差异。

表5-2 小组成员资源投资率

	等资源型合作公共品博弈实验	集中式惩罚公共品博弈实验
均值	0.51	0.60
标准差	0.14	0.18
中位数	0.50	0.60
众数	0.45	0.55

表5-3 不同实验轮次小组成员资源投资额的 Mann-Whitney U 检验

实验数据类型	轮数	数据检验结果	
		Z 值	P 值
等资源型合作公共品博弈实验 集中式惩罚公共品博弈实验	第 1 轮	−2.442	0.015
	第 2 轮	−2.975	0.003
	第 3 轮	−4.776	0.000
	第 4 轮	−4.878	0.000

表5-4列出了等资源型合作公共品博弈实验和集中式惩罚公共品博弈实验中，将小组成员所有实验轮次的企业资源投资率进行比对的 Mann-Whitney U 检验、Kolmogorov-Smirnov Z 检验和 Wald-Wolfowitz 游程检验。从数据检验结果可以看出，P 值均小于0.05，则认为两组企业资源投资率的总体分布存在显著差异。

表5-4 小组成员资源投资率的非参数检验

检验方法	检验结果	
	统计值	P 值
Mann-Whitney U 检验	−7.935	0.000
Kolmogorov-Smirnov Z 检验	3.790	0.000
Wald-Wolfowitz 游程检验	−21.697	0.000

从以上数据统计结果可以得知，在不同的企业环保投资实验中，担任企业小组成员的实验被试对象采取了不同的投资决策：一部分成员在实验中的投资决策显示出更多自利倾向；另一部分成员为了他人或集体利益会表现出更多

善意的举动；也有一部分成员关心相对利益的公平与互动。这表明行为主体具有不同的社会偏好，即组合性社会偏好。

5.4.2 单个企业资源投资分布与集中式惩罚

由于等资源型合作公共品博弈实验和集中式惩罚公共品博弈实验的初始资源组合均为100、100、100，区别在于后者引入了集中式惩罚。我们先以小组中的个体成员为单位，将等资源型合作公共品博弈实验和集中式惩罚公共品博弈实验之间小组成员的资源投资额进行比较，即通过单个企业资源投资额来考察集中式惩罚对企业环保投资合作的影响。

图5-1和图5-2分别列出了等资源型合作公共品博弈实验和集中式惩罚公共品博弈实验的资源投资额柱状分布和累计分布。在等资源型合作公共品博弈实验中，企业小组成员提供的投资额主要集中在40～50之间，占比为40.80%；而在集中式惩罚公共品博弈实验中，集中在40～50之间的投资额占比仅为28.16%。在等资源型合作公共品博弈实验中，有42.52%的小组成员提供的投资额大于50，其中大于60的投资额占18.09%；而在集中式惩罚公共品博弈实验中，有53.16%的小组成员提供的投资额大于50，其中大于60的投资额占31.91%。

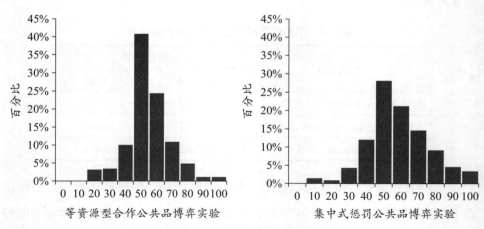

等资源型合作公共品博弈实验　　　　集中式惩罚公共品博弈实验

图5-1　企业资源投资额分布对比图

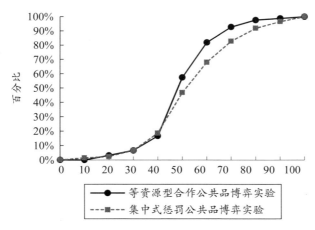

图5-2　企业资源投资额累计分布对比图

从以上数据统计结果可以得知，集中式惩罚的引入会给企业小组成员的投资额带来影响。在无集中式惩罚的等资源型合作公共品博弈实验中，企业小组成员的投资额明显要低于在集中式惩罚公共品博弈实验中的投资额，这说明集中式惩罚的引入对企业小组成员的投资决策产生了影响，它提高了小组成员的自愿供给水平，能有效促进成员之间的合作。

5.4.3　企业小组资源投资分布与集中式惩罚

我们再以企业小组为单位，从小组用于环保投资合作的平均资源投资额、企业小组的平均资源投资率、合作成功率等多方面来进一步分析集中式惩罚对公共品自愿供给合作的影响。

5.4.3.1　企业小组平均资源投资额

我们先观察数据的总体分布情况。表5-5显示了在不同的实验方案下企业小组4轮实验的平均资源投资总额。从实验数据可知，随着轮次的不断推演，除了个别企业小组中间轮次出现波动外，大部分企业小组的平均资源投资总额在逐渐上升。例如，等资源型合作公共品博弈实验中，第3轮和第4轮实验的平均资源投资总额比第2轮更低。另外，两种实验各轮平均资源投资总额加总平均后呈现出不同的变化，第1轮实验的平均资源投资总额为156.89；第2轮为

164.45；第3轮为169.74；第4轮为171.88。其中，第2轮实验的平均资源投资总额比第1轮高7.55，而第3轮实验的平均资源投资总额比第2轮高5.29，第4轮实验的平均资源投资总额接近于第3轮，仅高2.14。我们注意到两种实验4轮次的8组平均资源投资总额中，仅有等资源型合作公共品博弈实验中第1轮的平均资源投资总额小于150；其余7组均大于150，即能达到企业环保投资合作成功限定额的目标。

表5-5　企业小组的平均资源投资总额

	第 1 轮	第 2 轮	第 3 轮	第 4 轮
等资源型合作公共品博弈实验	146.03	154.34	150.6	153.35
集中式惩罚公共品博弈实验	167.76	174.55	188.88	190.40

我们再从企业小组的平均资源投资总额进一步考察集中式惩罚的有效性。一方面，从第1轮实验到第4轮实验，集中式惩罚公共品博弈实验的平均资源投资总额，比未引入集中式惩罚的等资源型合作公共品博弈实验更高。其中集中式惩罚公共品博弈实验最低投资总额是第1轮实验中的167.76，它比等资源型合作公共品博弈实验所有轮次对应值更高。另一方面，将每一种实验4轮的企业小组平均资源投资总额进行加总平均后，等资源型合作公共品博弈实验企业小组的平均资源投资总额为151.08，集中式惩罚公共品博弈实验为180.40。显然，两种实验企业小组的平均资源投资总额4轮均值大小为集中式惩罚公共品博弈实验大于等资源型合作公共品博弈实验。

5.4.3.2　企业小组平均资源投资率

图5-3显示了等资源型合作公共品博弈实验和集中式惩罚公共品博弈实验的4轮实验中，企业小组进行环保投资合作的平均资源投资率。从第1轮依次到第4轮实验，集中式惩罚公共品博弈实验的平均资源投资率比等资源型合作公共品博弈实验分别高7.24%、6.74%、12.76%、12.35%。等资源型合作公共品博弈实验的平均资源投资率在50%附近波动；集中式惩罚公共品博弈实验的

平均资源投资率从55.92%上升到63.47%。

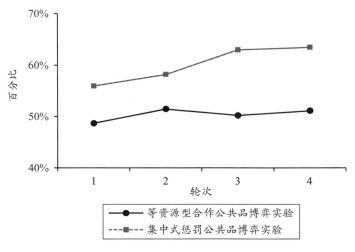

图5-3　企业小组的平均资源投资率

5.4.3.3　企业小组合作成功率

图5-4显示了等资源型合作公共品博弈实验和集中式惩罚公共品博弈实验的4轮实验中，企业小组进行环保投资的合作成功率。从第1轮依次到第4轮实验，集中式惩罚公共品博弈实验的环保投资合作成功率比等资源型合作公共品博弈实验分别高17.24%、17.24%、24.14%、20.69%。等资源型合作公共品博弈实验中企业小组资源投资的平均合作成功率为55.17%；引入集中式惩罚后，平均合作成功率为75%。

从以上数据统计结果可以看出，尽管在不同实验方案下企业小组4轮实验的平均资源投资总额、平均资源投资率以及资源投资合作成功率存在不同的演变过程，但是总体来看，随着轮次的逐渐推演，企业小组的环保投资分布均呈现上升趋势，企业小组随着投资合作轮次的递进会增加其环保资源投资总额。同时，集中式惩罚的引入影响了企业小组整体的投资决策，它提高了企业小组的平均资源投资总额、平均资源投资率以及资源投资合作成功率，这进一步表明集中式惩罚能有效促进公共品自愿供给合作。

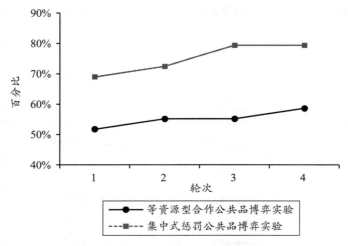

图5-4 企业小组资源投资合作成功率

5.4.4 组合性社会偏好和集中式惩罚的检验

5.4.4.1 模型构建

从前面的分析可知，在不同的企业环保投资实验中，企业小组成员之间的资源投资额具有显著差异，其投资决策受组合性社会偏好所支配，主要包括自利偏好、利他偏好以及互动公平偏好等，且集中式惩罚的引入也会对企业小组整体的投资行为产生影响，综合反映以上因素对企业投资决策的影响，我们构建以下回归模型：

$$Con=\alpha+\beta_1X_1+\beta_2X_2+\beta_3X_3+\varepsilon Pun+\lambda_1Y_1+\lambda_2Y_2+\cdots+\lambda_9Y_9+\mu \quad (5\text{-}2)$$

被解释变量 Con 代表企业小组成员的资源投资额，解释变量 X_1、X_2、X_3 分别代表自利偏好、利他偏好、互动公平偏好，其系数 β_1、β_2、β_3 分别是相应社会偏好的参数估计值，表示不同社会偏好对小组成员资源投资额的影响程度。当系数 $\beta_i(i=1,2,3)$ 的值不显著时，表示对应的偏好影响不显著；当 $\beta_i<0(i=1,2,3)$ 且显著时，表示对应的偏好会降低企业小组成员资源投资额；当 $\beta_i>0(i=1,2,3)$ 且显著时，表示对应的偏好能提升企业小组成员的资源投资额。

解释变量 Pun 表示是否存在集中式惩罚（Pun = 0 时，表示没有惩罚），其参数估计值用系数 ε 表示。控制变量从 Y_1 到 Y_9 描述的是个人特征，分别表示年龄、性别（以男性为基准）、年级、父母教育水平、独生子女（以是独生子女为基准）、成绩排名、学生干部（以是学生干部为基准）、教育贷款（以有过教育贷款为基准）、实验经验的情况（以参加过实验经验为基准）。μ 代表随机扰动项。

5.4.4.2　指标及数据说明

被解释变量 Con：不同实验中4轮实验的资源投资额。

解释变量：自利偏好 X_1、利他偏好 X_2、互动公平偏好 X_3，可以通过问卷设置不同题目表示，合成相应的偏好指数。

首先计算不同社会偏好问卷测度的平均值 $\bar{X}_k$ 及标准差 δ_k，测算其变异系数 $V_k = \delta_k / \bar{X}_k$，当变异系数较大时，赋予较大权重，反之赋予较小权重。其次，对变异系数进行归一化处理，得出偏好的权重为 $w_k = V_k / \sum V_k$，最后合成解释变量 X_1、X_2、X_3 相应的偏好指数。X_1、X_2、X_3 的取值越大，分别表示企业小组成员的自利偏好、利他偏好以及互动公平偏好的程度越深。

解释变量 Pun：等资源型合作公共品博弈实验未引入集中式惩罚，解释变量 Pun 取值为0；集中式惩罚公共品博弈实验中，解释变量 Pun 取值为1。

5.4.4.3　实证结果分析

我们对模型（5-2）进行参数估计，结果如表5-6所示。

表5-6分别列出了组合性社会偏好和集中式惩罚及个人特征的回归估计结果。首先，在个人特征中，仅有年龄、父母教育水平、独生子女、成绩排名以及实验经验对小组成员的资源投资额产生了显著影响。

其次，在控制了个人特征后，自利偏好、利他偏好以及互动公平偏好对企业小组成员资源投资率产生了不同的影响。其中，利他偏好 X_2 在10%的显著性水平上显著且影响为正，表明利他偏好程度越深，小组成员的资源投资额越大。自利偏好的伴随概率 P 值表明此偏好对小组成员的投资行为没有产生显著影响，原因可能是自利偏好涵盖了利他偏好的相关信息。相比较自利偏好而言，在公共品自愿供给实验中利他偏好更加重要，这是由于实验被试对象的利他偏好使其自身效用与小组其他成员的利益呈正相关，利他偏好程度深的人会为了集体利益表现出更多善意的资源投资额，反之则更少。互动公平偏好 X_3 在1%的显著性水平上显著，影响方向为正向，表明小组成员互动公平偏好倾向会促进其资源投资额的增加。

表5-6　回归模型的参数估计结果

解释变量	参数估计	统计值	P 值
自利偏好 X_1	0.005	0.146	0.884
利他偏好 X_2	0.073^*	1.745	0.082
互动公平偏好 X_3	0.162^{***}	3.952	0.000
集中式惩罚 Pun	0.243^{***}	6.940	0.000
年龄 Y_1	-0.178^{***}	-2.988	0.003
性别 Y_2	0.059	1.588	0.113
年级 Y_3	0.064	1.069	0.285
父母教育水平 Y_4	-0.102^{***}	-2.790	0.005
独生子女 Y_5	-0.085^{**}	-2.263	0.024
成绩排名 Y_6	0.174^{***}	4.410	0.000
学生干部 Y_7	-0.060	-1.564	0.118
教育贷款 Y_8	-0.040	-1.081	0.280
实验经验 Y_9	-0.222^{***}	-5.855	0.000

注：***、** 和 * 分别表示在 1%、5% 和 10% 的显著性水平上统计显著。

最后，解释变量集中式惩罚 Pun 对小组成员的投资行为存在显著影响且为正，再次验证了集中式惩罚的引入在小组成员之间能产生威慑作用，它对企业小组成员资源投资水平的提升产生了积极作用。

5.5　本章小结

我们立足于企业环保投资的实验背景，设计了由等资源型合作公共品博弈实验和集中式惩罚公共品博弈实验组成的二合一实验，从分析单个企业和企业小组进行环保投资的视角，考察了集中式惩罚及组合性社会偏好对企业环保投资合作的影响。研究表明，第一，通过不同实验轮次下单个企业用于环保投资合作的资源投资额和资源投资率及其差异性检验，发现企业在不同环保投资实验环境中具有组合性特征的社会偏好，他们会采取不同的投资决策。第二，无论是在等资源型合作公共品博弈实验，还是在集中式惩罚公共品博弈实验，随着实验轮次的逐渐推演，企业小组的环保资源投资总额大体呈现上升趋势。集中式惩罚的引入能有效促进企业之间的合作，除提高了单个企业的环保资源投资水平外，还能使企业小组的平均资源投资水平和合作成功率上升。第三，通过不同社会偏好和集中式惩罚的统计检验，发现小组成员利他偏好和互动公平偏好倾向对其资源投资额产生正向影响，集中式惩罚对小组成员的投资行为也产生正向影响，这进一步证明了企业投资决策不仅受组合性社会偏好所支配，而且集中式惩罚能有效促进公共品自愿供给合作。

本部分的研究贡献体现在以下几方面：第一，拓展了企业环保投资影响因素研究。现有的关于环保投资影响因素的研究主要是从管理者特征、产权性质和环境规制等方面来探讨，很少有文献从社会偏好视角去分析企业环保投资行为。我们利用公共品博弈实验，探讨了组合性社会偏好对企业环保投资合作的影响，为企业环保投资影响因素的研究提供了新的研究视角。第二，为企业环保投资行为研究引入了新的实验经济学方法。现有的利用行为科学实验研究企业行为的文献主要是关于技术创新、资本谈判等方面，尚缺乏探讨企业环保投资行为的实验研究文献。我们将企业环保投资背景引入行为科学实验中，丰富了企业行为实验研究的相关文献。第三，为组合性社会偏好下惩罚机制的实施效果提供了企业环保投资的实验证据。现有企业环保投资行为研究中，将组合性社会偏好与惩罚机制影响相结合的微观经验证据尚为不足。我们以企业自利、利他、互动公平等多种社会偏好与集中式惩罚相结合的方式，来观察企业微观层面的环保投资行为，利用实验证据检验企业层面的社会偏好和政府层面的惩罚机制对企业环保投资合作的影响。

上述研究结论为解除企业"搭便车"行为且环保投资不足的公共品自愿供给合作困境提供了一定的政策借鉴依据。在环保的公共政策设计上，可以尝试从集中式惩罚机制入手，并兼顾企业决策者的组合性社会偏好特征，引入集中式惩罚的同时兼顾企业组合性社会偏好，能更有效地提升企业环保投资水平，对改善生态环境有助推作用。一方面鼓励环保企业继续维护环境公共利益，并且带动其他污染企业主动践行环保社会责任，共同形成利他、公平等良性互动的企业环保投资舆论氛围；另一方面从制度构建上赋予监管机构更多权力来客观地对企业实施监督管理行为，从而更有效地维护环保合作秩序。

我们关于组合性社会偏好和集中式惩罚的企业环保投资实验研究尚处于初步阶段，实验模拟与现实应用还存在一定差距。现实生活中，想要形成企业自愿环保投资的利他、互动公平的主观意愿及良性互动的舆论氛围，并非凭借单一力量短期内可以完成，而是需要社会多方主体长期的共同协作。另外，受人力和财力所限，实验被试对象均是由学生组成。尽管学生作为被试对象已是实验经济学最常用的方式，并且在我们的实验设计中已尽可能让学生充分了解现实背景，但在企业环保投资情境下，仍需要更加注重被试对象的社会认同感。因此，未来可以选取一些不同身份和职业且更具社会背景的被试对象来开展实验，进一步对多元化的样本数据做深入研究。

第6章　公共品自愿供给合作的计算机仿真实验

尽管行为经济学家和实验经济学家通过行为实验观察和验证了人类所具有的各种形式的亲社会行为和社会偏好，但对演化经济学家来说，他们所面临的挑战却是必须在进化论的基础上解释人类为什么会具有这样的行为与偏好。在本章中，依然延续引入了公共品自愿供给博弈中企业环保投资的情景，基于集中式惩罚、参考依赖、不同惩罚力度相结合的组合性均衡视角，我们构建了企业环保投资合作的公共品演化博弈模型，并利用计算机仿真技术再现了企业参与环保投资合作的公共品演化博弈过程，模拟出惩罚机制下公共品自愿供给的亲社会行为与演化的仿真结果，最终寻找到了公共品自愿供给合作行为与社会偏好的演化难题的解决方式。

6.1　引言

党的二十大报告对"推动绿色发展，促进人与自然和谐共生"进行了部署，强调"尊重自然、顺应自然、保护自然，是全面建设社会主义现代化国家的内在要求。必须牢固树立和践行绿水青山就是金山银山的理念，站在人与自然和谐共生的高度谋划发展"。尽管我国为了保护和改善生活环境与生态环境，相继修订并施行了《环境保护法》《环境保护税法》等一系列法律法规和政策，但是，应看到我国污染排放和生态保护的形势依然严峻。企业违法排放污染物，使得生态环境遭受破坏的高风险事件屡次被曝光，总体上政府立法和监督成效尚不及预期，要如期实现"十四五"生态环保规划目标仍然任重道远。根据

2015年《环境保护法》中"损害担责"的原则，企业作为生产活动主体，应当依法承担环保责任，有义务加大环保投资规模，积极改善社会环境（王舒扬 等，2019；孟庆春 等，2020）。但由于环境资源的公共品属性和环保投资的外部性特征，企业时常因存在"搭便车"心理而出现环保投资不足的非合作现象，最终导致企业环保投资合作陷入集体行动困境（李月娥 等，2018）。政府常常通过惩罚（杜建军 等，2020）、执法监督（陈琪 等，2021）、环保约谈（吴建南 等，2018）等环境规制方式，要求企业采取诸如缴纳超标准排污费、建设防治污染设施等环保投资行为来防治环境污染，对污染企业实施必要的行政处罚甚至关停等惩罚措施。

企业环保投资合作是一种多主体共同参与的公共品博弈现象，政府的惩罚监督影响了企业间的集体行动。学者们发现，惩罚机制并非总能促进社会合作，有时不当的惩罚机制与惩罚力度会引起资源消耗、反社会惩罚等报复行动，甚至降低个体的合作动机，从而偏离集体行动目标（陈思静 等，2020；汪崇金 等，2018）。不同惩罚机制下特定主体实施的惩罚行为在社会合作的演化方面发挥着不同的作用（全吉 等，2019；Kamijo et al.，2014）。早期的公共品博弈实验多是引入分散式同侪惩罚，即群体内部所有成员既是参与者也是管理者，他们均拥有惩罚权力，可相互向对方实施惩罚（Fehr et al.，2000；Sigmund，2007）。此后诸多公共品博弈实验设计了此种惩罚机制，发现分散式同侪惩罚对维持群体合作秩序有促进作用（连洪泉 等，2013；Lohse et al.，2020）。然而，分散式同侪惩罚存在一定的局限性，其合作演化的适用范围主要是群体规模较小（Boyd et al.，2010）、惩罚成本足够低（Nikiforakis et al.，2008）、群体内成员信息获取充分（Bornstein et al.，2010）的条件下。

相对来说，集中式惩罚是一种仅有部分或者单个主体集中获得惩罚权力的集权式惩罚机制，它以更明确的惩罚规则延伸了合作领域，并扩展了群体规模、惩罚成本以及信息获取等方面的适用范围（闫佳 等，2016）。有研究显示无论是在合作维护还是公正规范的情景中，来自外部或第三方的集中式惩罚比来自内部或第二方的分散式同侪惩罚更为稳定（廖玉玲 等，2015；张元鹏 等，2021）。联系现实生活，参与环保投资集体行动的企业往往不被赋予惩罚的权力，一般由政府部门或者特定的监管组织、监管局等机构来进行环保投资监督和惩罚。因此，在本研究的企业环保投资合作演化过程中引入集中式惩罚更加切合实情。那么，引入集中式惩罚的企业环保投资过程中，是否存在某种惩罚力度使得集体行动收益最大化？单考虑惩罚因素的影响，企业环保投资合作会取得良好效果吗？遗憾的是，既有研究并未给出明确的解答。

在企业共同参与环保投资合作过程中，不仅面临监管部门惩罚机制的影响，还需参考依赖自身和其他企业之间策略互动行为的影响。实际上，在惩罚监督影响下，企业决策者依然会以过去的自身收益、其他企业收益等作为参照点，来决定未来的环保投资决策，企业的这种行为倾向即为参考依赖（Kahneman et al.，1979）。以往的研究将参照点分为不同类型：一是单参照点，决策者当下的现状是默认参照点。二是多参照点，有在对象维度区分的"个体参照点（朋友、平级主体）和社会参照点"的双参照点（谢晓非 等，2014）以及底线利润和现状利润的双参照点（魏莹 等，2020），也有在时间维度区分的"默认参照点（现状）、未来参照点（目标）、过去参照点（历史收益）"的三个参照点（韩菁 等，2018）。参考依赖的行为判断不仅有参照他人收益的横向比较，而且存在参照自我历史收益及决策的纵向比较（杨剑 等，2020）。既有研究表明，社会主体之间缺乏信任、互惠、参考依赖等策略互动，也难以使被惩罚者改变"搭便车"行为，而合作者延续合作行为的次数逐渐减少直至消失（周怀峰 等，2015；汪崇金 等，2015；李晓博 等，2017）。在考虑政府惩罚监督的情况下，企业间的参考依赖策略互动能否在环保投资合作演化中发挥作用？在现有研究中，尚缺乏参考依赖策略互动、惩罚机制双重影响与企业环保投资行为的研究。

综上所述，以往研究分别考虑了参考依赖策略互动以及惩罚机制对社会合作和人们集体行动的影响，而在现实中，在特定区域内所有企业参与环保投资的公共品博弈中，博弈方能否完成集体行动目标，既取决于企业自身及企业之间的参考依赖行为，也取决于集中式惩罚等外部激励机制对企业合作水平的影响。但是，学术界针对参考依赖以及集中式惩罚共同作用下企业环保投资行为的研究不足。鉴于此，我们分别考虑有无参考依赖策略互动规则、有无集中式惩罚机制以及不同惩罚力度等不同情形，讨论了多家企业共同参与环保投资带来的集体行动收益差异，分析了不同惩罚力度下集中式惩罚和企业参考依赖策略互动带来的双重影响。本研究的创新之处体现在将以下特性同时纳入企业环保投资合作的演化博弈模型和仿真实验中：①企业环保投资合作依赖于政府的惩罚监督措施；②企业环保投资策略互动行为具有参考依赖特性；③不同惩罚力度会带来差异化的集体行动收益。

6.2 组合性均衡的演化博弈模型

在经典公共品博弈（PGG）的基础上，考虑引入集中式惩罚机制和参考依赖策略互动规则等多种影响因素的组合性均衡原则，来构建企业环保投资合作的演化博弈模型。

6.2.1 无集中式惩罚机制下的博弈模型

假设某一区域内有 N 家企业 i 参与环保投资合作的公共品博弈 $i \in 1, 2, 3, \cdots, N$，博弈共进行 t 轮。设企业 i 每轮博弈可用于环保投资的资产总额为 $R_i(t)$，上一轮博弈结束剩余的资产以及收益数量累积计入下一轮博弈当中，设置每家企业的初始资产为1，记为 $R_i(0)=1$。企业有两种类型：选择合作策略的企业记为 C，其参与环保投资的策略选择 $S_i(t)=1$；选择非合作策略的企业记为 D，其不参与环保投资的策略选择 $S_i(t)=0$。企业 i 参与环保投资合作的成本为 $g_i(t)$，企业的投资将依据上一轮博弈剩余总资产 $R_i(t-1)$ 以及参与强度 ω 而定，则企业环保投资合作的成本 $g_i(t)=\omega R_i(t-1)$。r 表示企业投资环保合作产生集体行动收益的协同系数，单个企业获得的收益用 $E_i(t)$ 表示。

　　与传统公共品博弈不同，我们设定了企业环保投资合作目标及其达成条件。这是因为在层级公共品博弈中存在一个下限（Provision Point）（Abele et al.，2010），通常代表的是群体贡献要达到的公共资源或公共品的目标价值。据此，企业环保投资合作的公共品博弈中，只有所有企业环保投资总额超过了一定的水平，改善生态环境的结果才算成功。据此，假设区域内企业环保投资目标值 G 会随着上一轮所有企业资产总额的变动而变动，设 $G = \sum_{i=1}^{N} R_i(t-1) \Big/ 4$。$\beta(t)$ 为第 t 轮博弈达成目标的成功系数。那么，当每轮博弈所有企业环保投资总额 T 达到或超过目标值 G，即 $T = \sum_{i=1}^{N} g_i(t) \geqslant \sum_{i=1}^{N} R_i(t-1) \Big/ 4$ 时，则认为合作成功，$\beta(t)=1$；反之，当 $T < \sum_{i=1}^{N} R_i(t-1) \Big/ 4$ 时，则认为合作失败，$\beta(t)=0$。

　　因为公共品的非竞争性和非排他性，企业投资环保合作收益将在区域内的每家企业之间平均分配，即所有企业均能享受合作带来的福利。那么，对环保投资合作未做任何贡献的企业"搭便车"后依然可以获得合作收益 $E_D(t)$，超过了合作企业付出成本后的收益 $E_C(t)$，即合作者和非合作者的收益用以下公式表示：

$$E_i(t) = \begin{cases} \dfrac{\beta(t)r\sum\limits_{i=1}^{N}[g_i(t)S_i(t)]}{N} - g_i(t) & i \in C \\[4mm] \dfrac{\beta(t)r\sum\limits_{i=1}^{N}[g_i(t)S_i(t)]}{N} & i \in D \end{cases} \qquad (6\text{-}1)$$

　　显然，按照传统理性经济人假设，不合作是企业的最优策略。若所有企业均理性地选择不投资，那么环保投资总额 $T=0$，成功系数 $\beta(t)=0$，则所有参与企业的收益均为 $E_i(t)=0$。相反，若所有企业均选择环保投资策略，设参与强度 $\omega=0.5$ 的情况下，每个企业均可获得收益 $E_i(t)=r\sum_{i=1}^{N}g_i(t)\Big/N-g_i(t)$，使区域内企业整体收益实现帕累托最优。此模型描述了企业环保投资中个体私利与集体利益相互冲突的社会困境。

6.2.2 集中式惩罚机制下的博弈模型

从前述分析可知，在企业环保投资合作过程中引入集中式惩罚具有更好的适用性。假设政府将对不参与环保投资的企业实施集中式惩罚。惩罚额 $V_i(t)$ 与上一轮博弈的企业收益 $E_i(t-1)$、惩罚力度 α 以及合作次数占比 m/t 有关：

$$V_i(t) = \begin{cases} \alpha(m/t)E_i(t-1) & g_i(t) = 0 \\ 0 & g_i(t) > 0 \end{cases} \quad （6-2）$$

其中，$0 < \alpha < 1$，惩罚额 $V_i(t)$ 会随惩罚力度 α 的上升而上升。在 t 轮博弈中企业选择不参与环保投资的次数以 m 表示，惩罚额 $V_i(t)$ 与 m/t 呈正相关。当企业 i 环保投资成本 $g_i(t) > 0$ 时，$V_i(t) = 0$，表示企业没有受到集中式惩罚；当 $g_i(t) = 0$ 时，将以上述规则对企业进行集中式惩罚，$0 < V_i(t) < E_i(t-1)$。

由于集中式惩罚的引入，一旦惩罚额超过环保投资成本，合作企业的收益将超过非合作者的收益，从而避免陷入社会合作困境，即合作者和非合作者的收益用以下公式表示：

$$E_i(t) = \begin{cases} \beta(t)r\sum_{i=1}^{N}[g_i(t)S_i(t)] \Big/ N - g_i(t) & i \in C \\ \beta(t)r\sum_{i=1}^{N}[g_i(t)S_i(t)] \Big/ N - V_i(t) & i \in D \end{cases} \quad （6-3）$$

企业 i 经历 t 轮演化博弈后的总收益为 $\sum_{t=0}^{t}E_i(t) = E_i(1) + E_i(2) + \cdots + E_i(t)$。那么，所有企业的总收益之和，记为集体行动收益 $M = \sum_{i=1}^{N}\sum_{t=0}^{t}E_i(t)$，这一变量反映了企业共同参与环保投资合作的效果，$M$ 值的变化也体现了改善生态环境的整体情况。

6.2.3 参考依赖下的策略互动规则

从参考依赖的视角来看，企业会基于不同参照点进行价值判断来优化自身决策，以获得更多收益，这种行为过程即为企业的参考依赖策略互动。本研究假设企业环保投资的策略互动规则有两种参照点。

一是个体参照点。企业将参照其他企业的收益对得失进行价值判断。演化博弈中最典型的是 Fermi 规则：企业 μ 在区域内随机选择一家邻居企业 v，根据邻居企业的收益 $E_v(t)$，v 以一定概率将其策略传递给 u 后，计算企业 u 的策略 $S_u(t)$ 向邻居企业 v 的策略 $S_v(t)$ 学习的概率：

$$F_i[S_v(t) \to S_u(t)] = \frac{1}{1 + e^{[E_u(t)-E_v(t)]/k}} \qquad (6\text{-}4)$$

其中，参数 $k>0$ 表示随机因子，代表了一种非理性行为的可能性。$k \to +\infty$ 表示完全随机；$k \to 0$ 表示绝对理性。依据常用取值，本研究设置 $k=0.1$（Xu et al., 2015）。$E_u(t)$ 和 $E_v(t)$ 分别表示个体 u 和个体 v 在博弈过程中所取得的收益。其本质是个体将自身收益与从群体中随机选择某个邻居的收益进行比较，并以一定概率更新自身策略。考虑企业与 $N-1$ 家邻居企业共同参与公共品博弈，综合权衡多家企业带来的策略影响，最后确认个体参照点影响的策略更新概率为 $\sum_{i=1}^{N-1} \frac{F_i}{N-1}$。

二是过去参照点。企业将参照自己上一轮博弈的投资概率 $P_i(t-1)$ 进行价值判断。

综上所述，假设两种参照点的影响权重均为 0.5。企业决定投资与否的策略更新概率，即参考依赖策略互动规则为：

$$P_i(t) = 0.5\sum_{i=1}^{N-1} \frac{F_i}{N-1} + 0.5P_i(t-1) \qquad (6\text{-}5)$$

另外，为了检验参考依赖策略互动规则的有效性，后续博弈实验还设置了计算机随机概率的对照组。即有参考依赖策略互动规则时，企业策略更新概率为 $P_i(t)$；无参考依赖策略互动规则时，由计算机赋予企业随机策略更新概率为 $Z_i(t)$。这时，企业投资决策来源于自身的投资合作历史以及投资合作决策的随机概率 $Z_i(t)$。在这种情况下，企业投资合作成功的结果将取决于随机概率 $Z_i(t)$ 的分布、协同系数 r 和惩罚力度 α 的值。本研究将 $Z_i(t)$ 设置为以 0.5 为期望的随机概率分布。

6.3　计算机仿真实验及结果分析

6.3.1　计算机仿真实验流程

基于上述企业环保投资合作的演化博弈模型，我们利用计算机仿真技术再现了企业参与环保投资合作的演化博弈过程。

（1）设置计算机基础参数，博弈初始时，产生 $N=100$ 的博弈样本，假设企业用于环保投资的初始资产均为 $R_i(0)=1$。

（2）计算策略更新概率，规则有两种：一是赋予无参考依赖策略互动规则下的随机概率 $Z_i(t)$；二是参考依赖策略互动规则 $P_i(t)$。在执行 $P_i(t)$ 过程中，当 $t=1$ 时，即每家企业在第1轮博弈中，以 $P_i(1)=0.5$ 的概率随机判断是否参与环保投资合作的策略选择。当 $t>1$ 时，即产生第1轮公共品博弈实验结果后，企业根据参考依赖策略互动规则来更新策略选择概率。

（3）以参与强度 $\omega=0.5$ 计算企业环保投资合作的成本。

（4）借鉴前人经验设协同系数 $r=6$（叶航，2012），计算每一轮博弈的企业环保投资总额是否达到目标值，判断合作成功还是失败。

（5）执行集中式惩罚规则，分别计算合作企业与非合作企业的收益。

（6）计算集体行动收益 M。

具体仿真流程如图6-1所示。

6.3.2　计算机仿真结果分析

我们将惩罚系数 α 从低到高设置9组，分别为0.000 1、0.1、0.2、0.3、0.4、0.5、0.6、0.7、0.8。为了避免随机性带来的误差，设 $t=15$，即每次实验包含15轮演化博弈，企业环保投资合作的资产和收益随着博弈轮次的推演而叠加，从而产生一个集体行动收益 M，以100次实验为一组，取其均值。在综合考虑有无参考依赖策略互动规则以及不同惩罚系数的条件下，通过计算机仿真，重复运行1 000组实验。

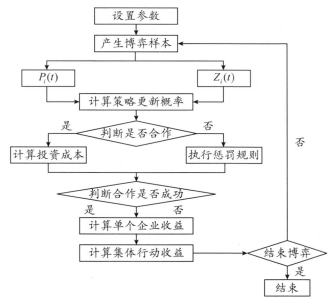

图6-1 计算机仿真流程

6.3.2.1 参考依赖策略互动规则的有效性

首先，对比有无参考依赖策略互动规则，分析1 000组实验中，集体行动收益的均值 $\overline{M}$ 在不同惩罚力度 α 下的变化趋势，由此判断参考依赖策略互动规则对企业环保投资合作的影响。

由图6-2可知，在不同惩罚力度下，有无参考依赖策略互动规则会给企业环保投资合作带来不同效果。具体来看，在采取了参考依赖策略互动规则 $P_i(t)$ 后，当惩罚力度 $\alpha = 0.2$时，集体行动收益的均值 $\overline{M}$ 最大，企业环保投资效果可以达到最优水平；在采取随机概率 $Z_i(t)$ 后，当惩罚力度 $\alpha = 0.1$时，集体行动收益的均值 $\overline{M}$ 最大，且呈现出随着惩罚力度的增加，$\overline{M}$ 出现逐渐减少的趋势。进一步，在采取参考依赖策略互动规则 $P_i(t)$ 时的集体行动收益均值 $\overline{M}$，明显高于随机概率 $Z_i(t)$ 时的 $\overline{M}$。因此，参考依赖策略互动规则能促进企业环保投资合作，且在特定环境下惩罚力度会出现一个最优阈值使得企业集体行动收益最大化。

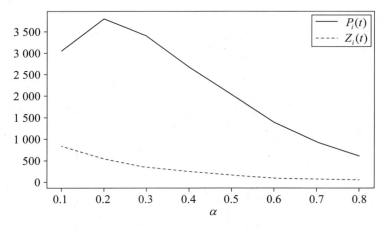

图6-2　不同惩罚力度下受 $P_i(t)$ 与 $Z_i(t)$ 影响的 $\overline{M}$ 对比图

6.3.2.2　集中式惩罚的有效性

其次，判断集中式惩罚的有效性。第一步，在有参考依赖策略互动规则的背景下，对比有无集中式惩罚机制时集体行动收益 M 的变化。实验设置惩罚力度 $\alpha=0.0001$ 代表无惩罚的情况，为方便展示，在1 000组实验中，选取惩罚力度 $\alpha=0.1$，$\alpha=0.2$，$\alpha=0.3$ 时与无惩罚时的 M 值演化作对比，由此判断集中式惩罚机制对于企业环保投资合作的影响。

由图6-3可知，当惩罚力度 $\alpha=0.0001$，即无集中式惩罚时，M 值一直处于较低的水平，即在没有惩罚机制约束时大多数企业都倾向于"搭便车"，企业的投资环保合作意愿低。而在集中式惩罚机制的约束下，当 $\alpha=0.1$，$\alpha=0.2$，$\alpha=0.3$ 时，M 值均处于较高的水平，初步验证了在参考依赖策略互动规则下，集中式惩罚机制的引入能够有效促进企业环保投资合作。

第二步，为控制参考依赖策略互动规则的影响，本实验对同一惩罚系数下有无参考依赖策略互动规则的 M 值数据序列进行了差分处理。为了便于展示，将1 000组仿真实验的结果每10组取一平均值，共产生100个 M 值的差分均值结果。不同惩罚力度下集体行动收益的差分结果如图6-4所示。

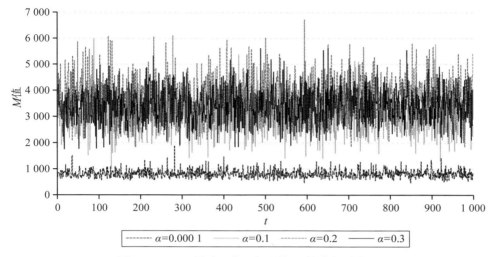

图6-3　$P_i(t)$ 影响下有无惩罚的 M 值演化对比图

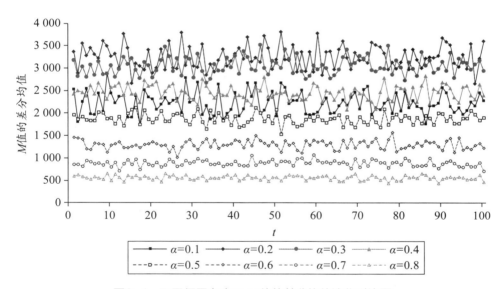

图6-4　不同惩罚力度下 M 值的差分均值演化对比图

从图6-4可知，M 值的差分均值随着惩罚力度的增加呈现先增加后减少的变化趋势。当惩罚力度过大时，即对应 $\alpha=0.6$，$\alpha=0.7$，$\alpha=0.8$ 等，M 值的差分均值处于较低水平，表明过高的惩罚会严重挫伤企业环保投资合作的积极性，企业的自愿投资减少。当惩罚力度较为适中时，即对应 $\alpha=0.2$，$\alpha=0.3$，

$\alpha=0.4$等，M值的差分均值处于较高的水平，表明在适当的惩罚力度下，集中式惩罚机制的引入能够有效提升企业环保投资合作水平并产生效益。

6.3.2.3 行为差异性及最优惩罚的检验

为进一步探究不同惩罚力度下企业环保投资水平是否有显著差异，对差分后的数据做统计检验。我们对8组惩罚系数下的数据做了两两比对的 t 检验，考虑到不同组数据的方差可能是非齐性的，故需要对统计量的自由度进行调整，检验结果如表6-1所示。结果表明所有比对的伴随概率都小于给定的显著性水平0.05，拒绝均值相等的原假设，可以判断8组惩罚力度下企业环保投资合作结果存在显著差异。

表6-1　8组惩罚力度两两组合的 t 检验

	0.1	0.2	0.3	0.4	0.5	0.6	0.7
0.2	−30.278 （0.000）						
0.3	−26.544 （0.000）	6.175 （0.000）					
0.4	−8.059 （0.000）	26.750 （0.000）	22.436 （0.000）				
0.5	13.225 （0.000）	49.708 （0.000）	48.476 （0.000）	27.730 （0.000）			
0.6	36.871 （0.000）	73.927 （0.000）	76.849 （0.000）	60.146 （0.000）	36.114 （0.000）		
0.7	55.441 （0.000）	92.866 （0.000）	99.580 （0.000）	87.318 （0.000）	68.523 （0.000）	34.710 （0.000）	
0.8	70.358 （0.000）	107.746 （0.000）	117.716 （0.000）	109.753 （0.000）	97.024 （0.000）	68.181 （0.000）	38.126 （0.000）

注：表格中第一行数据是统计量的值，第二行括号中的数据为伴随概率 P 值。

出于稳健性的考虑，我们另外做了非参数检验。对8组惩罚系数下的差分数据，采用常见的非参数检验 Kruskal-Wallis H 检验、中位数检验、Jonkheere-Terpstra 检验。结果如表6-2所示，Kruskal-Wallis H 检验、中位数检验、Jonkheere-

Terpstra 检验的伴随概率 P 值都小于显著水平0.05，故可以拒绝原假设，认为8组惩罚力度在促进企业环保投资合作水平上存在显著差异。

表6-2　不同惩罚力度的差异性检验

检验方法	检验结果	
	统计值	P 值
Kruskal-Wallis H 检验	6 438.401	0.000
中位数检验	5 271.000	0.000
Jonkheere-Terpstra 检验	-81.634	0.000

在上述检验结果的基础上，我们运用了中位数检验考察这8组惩罚系数下两两比对的差异性，结果如表6-3所示。

表6-3　不同惩罚力度两两组合的非参数检验

	0.1	0.2	0.3	0.4	0.5	0.6	0.7
0.2	−1 884.248 （0.000）						
0.3	−1 658.863 （0.000）	225.385 （0.815）					
0.4	−565.002 （0.000）	1 319.246 （0.000）	1 093.861 （0.000）				
0.5	748.107 （0.000）	2 632.355 （0.000）	2 406.970 （0.000）	1 313.109 （0.000）			
0.6	2 123.733 （0.000）	4 007.981 （0.000）	3 782.596 （0.000）	2 688.735 （0.000）	1 375.626 （0.000）		
0.7	3 195.344 （0.000）	5 079.592 （0.000）	4 854.207 （0.000）	3 760.346 （0.000）	2 447.237 （0.000）	1 071.611 （0.000）	
0.8	4 132.753 （0.000）	6 017.001 （0.000）	5 791.616 （0.000）	4 697.755 （0.000）	3 384.646 （0.000）	2 009.020 （0.000）	937.409 （0.000）

注：表格中第一行数据是统计量的值，第二行括号中的数据为伴随概率 P 值。

可知，除惩罚力度0.2与0.3的这对数据序列外，其他序列对的伴随概率都是小于0.05的，需要拒绝原假设。这说明在绝大多数情况下，对应于不同惩罚力度，企业环保投资合作结果有显著差异。

综合表6-1至表6-3的检验结果可知,在控制了参考依赖策略互动规则后,8组惩罚系数下集体行动收益具有显著差异,不同惩罚力度的选取能够显著影响企业环保投资合作行为。

最后,为检验在何种惩罚系数下企业环保投资合作水平最高,即确定最优的惩罚力度,对比这8组差分值的平均数和中位数,得到如下结果(表6-4)。

表6-4 不同惩罚力度下差分值的平均数、中位数

α	0.1	0.2	0.3	0.4
average	2 226.355 7	3 247.932 3	3 050.278 4	2 456.344 8
median	2 209.305 4	3 200.961 9	3 046.933 3	2 424.034 1
α	0.5	0.6	0.7	0.8
average	1 876.466 8	1 298.532 4	882.486 2	559.227 7
median	1 865.066 6	1 276.423 8	870.269 2	550.682 9

表6-4结果显示,惩罚力度 $\alpha = 0.2$ 时,平均数和中位数都达到了最大值,这可以证明惩罚力度存在一个最优阈值,使得企业环保投资合作的整体利益最大化,也进一步验证了前文的结论。

6.4 本章小结

企业在环保投资问题上必然会存在个体私利和集体利益相互冲突的合作困境,解决企业环保投资合作或污染治理问题必须是基于所有企业集体行动的收益最大化。我们基于集中式惩罚和参考依赖相结合的视角,构建了百家企业共同参与环保投资合作的演化博弈模型,利用计算机仿真设置了有无参考依赖策略互动规则、有无集中式惩罚机制、不同惩罚力度等不同场景,再现了企业参与环保投资合作的演化博弈过程,并通过统计检验方法分析了集中式惩罚机制以及参考依赖策略互动规则对企业环保投资合作的影响。研究发现:

(1)固定惩罚力度,采取参考依赖策略互动规则时,即政府需要通过企业间信息完全公开、提倡向贡献企业学习等手段,使得本企业能够参照自己以

及其他企业的行为调整自身策略后,区域内污染企业的集体行动收益会明显高于随机概率时的集体行动收益,表明了参考依赖策略互动规则能有效促进企业环保投资合作。

(2)固定参考依赖策略互动规则,通过对比有无集中式惩罚机制的模拟结果可知,企业环保投资合作依赖于政府的集中式惩罚,在适当的惩罚力度下,集中式惩罚机制的引入提高了企业环保投资合作水平。集中式惩罚机制一方面对"搭便车"企业以扣除部分收益的方式来改善其在下一轮的投资水平,另一方面对未被惩罚企业起到震慑作用,迫使其提高下一轮的投资水平。

(3)固定参考依赖策略互动规则,对比不同惩罚力度带来的影响,可知不同惩罚力度下企业环保投资合作结果具有显著差异。实验数据表明,在特定条件下惩罚力度会出现一个最优阈值使得集体利益最大化,政府需要采取最优的、适中的惩罚力度,才能充分激发企业积极参与环保投资合作。过高的惩罚力度会挫伤企业环保投资积极性,过低的惩罚力度会使惩罚机制形同虚设,无法发挥有效的引导作用。

综上,集中式惩罚和参考依赖策略互动规则的结合在企业环保投资过程中发挥了至关重要的作用。为提高企业环保投资合作水平,政府可通过集中式惩罚加强企业环保投资的日常监督与管理,同时对污染企业应把握惩罚力度,根据企业的环保投资参与强度、环境污染程度、对社会的危害程度等采取适中的惩罚力度。避免惩罚力度过高,使企业收益大幅缩水,降低企业环保投资合作水平;也要防止惩罚力度过低,发挥不了集中式惩罚制度的惩戒作用。但是,单考虑惩罚激励因素,企业环保投资合作不一定会取得很好的效果。那么,通过依法将企业环保投资行为的奖惩及收益等情况公之于众,营造企业环保投资的良好社会氛围,形成企业间参考依赖下的良性策略互动,企业环保投资合作才能获取更多的集体行动收益。以上结论为企业环保投资合作提供了新思路,对改善我国生态环境具有推动作用。

当然,我们关于集中式惩罚以及参考依赖策略互动规则的仿真实验结果会因参与强度、目标值和协同系数等参数值的变化而变化。实际上，不同国家和地区的政府环境治理和企业环保投资状况各异，实验模拟方法与现实应用还存在一定差距。在实验中设定多种参数值来贴近复杂的现实情况，开展多元化的实验数据对比分析，将在后续研究中深入探讨。

第7章 研究结论与政策含义

7.1 研究结论

本书针对现实常常出现的公共品自愿供给不足问题，将组合性均衡思想纳入公共品博弈过程中，融合不同惩罚机制、组合性社会偏好、参考依赖特性、不同惩罚力度等多种特性，考察了它们对公共品自愿供给合作的影响。在梳理组合性均衡及公共品自愿供给相关文献理论及实验研究基础上，进行了两种实验：一是基于行为科学实验方法，列举了公共品博弈中存在合作行为的实验证据，并以企业环保投资合作为现实背景，设计并开展了惩罚机制下公共品自愿供给的组合性均衡博弈实验；二是基于计算机仿真实验，梳理了不同惩罚机制在解决社会合作难题中的演化过程，基于集中式惩罚和参考依赖相结合的视角，构建企业环保投资合作的公共品演化博弈模型，利用计算仿真实验再现了企业参与环保投资合作的演化博弈过程，得到了一些富有新意的结论和观点。

（1）公共品自愿供给不足已成为社会合作过程中常常出现的现实问题，我们认为可以从公共政策的外部激励机制以及社会成员组合性社会偏好两者相结合的角度去思考并解决公共品自愿供给不足现象。一是由于公共品属性、外部性特征，社会成员时常存在"搭便车"心理而出现公共品供给不足的非合作现象，使公共品自愿供给陷入集体行动困境。那么，通过惩罚、监督等公共政策机制设计在一定程度上可以激励社会成员的合作行为。二是无论是引入了惩罚机制还是未引入惩罚机制，在公共品自愿供给过程中，社会成员参与供给的最优行为选择都是在与各利益相关者的互动博弈中形成的，常常伴有互动公平、利他、参考依赖以及损失规避等行为偏好的特定偏好集合。因此，社会成员在实施公共品自愿供给行为时以及惩罚执行个体实施惩罚决策时，在一定程度上会考虑互动公平、利他、参考依赖和损失规避相结合的组合性均衡原则。

（2）通过公共品自愿供给的行为科学实验研究，考察了组合性社会偏好、惩罚机制对公共品自愿供给合作的影响：一是我们的实验检验了社会成员具有组合性特征的社会偏好，即他们不仅拥有自利的基础性偏好，同时还存在利他、互动公平等一种或多种异质性社会偏好；二是在公共品自愿供给的行为博弈实验环境下，我们发现社会成员拥有利他偏好和互动公平偏好等组合性社会偏好，这会对实验被试对象的公共品自愿供给产生显著正向影响，即社会成员的供给行为决策受组合性社会偏好所支配。三是相对于分散式同侪惩罚而言，集中式惩罚机制更适用于企业环保投资合作等公共品博弈的现实情况，它对实验被试对象的公共品自愿供给水平也会产生显著的正向影响。无论是等资源型合作公共品博弈实验，还是集中式惩罚公共品博弈实验，集中式惩罚的引入均能有效促进社会成员之间的合作，不仅能提高个体自愿供给水平，还能提高群体合作水平和合作成功率。

（3）通过公共品自愿供给的计算机仿真实验研究，我们进一步探索和验证了惩罚机制、参考依赖特性、不同惩罚力度等特性给公共品自愿供给带来的影响：一是从自我监督的第一方惩罚、存在直接利益的第二方惩罚，延伸到专业化的第三方惩罚机制逐步得到完善，不同惩罚机制下社会成员实施的惩罚行为对社会合作的演变发挥着不同的作用。二是在企业环保投资的公共品演化博弈中，固定惩罚力度，采取参考依赖策略互动规则时，社会成员参照自己以及其他成员的行为调整自身策略后，集体行动收益会明显高于随机概率时的集体行动收益，这表明参考依赖特性带来的策略互动能有效促进公共品自愿供给合作。三是不同的惩罚力度会对公共品自愿供给产生不同影响。我们的研究发现在适当的惩罚力度下，集中式惩罚机制的引入提高了公共品自愿供给合作水平，且在特定条件下，惩罚力度会出现一个最优阈值，使得集体利益最大化。

（4）通过以上公共品自愿供给合作行为的博弈模型及实验研究，我们认为在行为科学实验中，惩罚机制、自利偏好、利他偏好和互动公平偏好等多种因素的影响同时在被试对象的实验结果中得到了体现和检验，即认为此公共品博弈实验充分体现了组合性均衡思想。同时，在仿真实验研究中，基于集中式惩罚和参考依赖相结合的视角，融合不同惩罚机制、参考依赖特性、不同惩罚力度等多种特性同时纳入了企业环保投资合作的演化博弈模型和仿真实验中，即认为此公共品演化博弈模型和仿真实验也充分体现了组合性均衡思想。行为科学实验和仿真实验的结果表明，考虑社会多方主体的组合性偏好特征，以组合性均衡原则而实施的多方长期共同协作，以及监管部门以组合性均衡原则进行的惩罚机制设计，对提高社会成员自愿供给水平并达成公共品自愿供给合作有促进作用，并最终解决公共品自愿供给合作的演化难题。

7.2　政策含义

以往的公共政策设计建立在传统理性经济人假设基础上，认为公共品自愿供给合作的市场失灵现象源于其公共品属性、外部性或信息约束等问题，因此需要政府通过公共政策的机制设计来干预市场失灵现象，这意味着社会成员公共品自愿供给行为必须通过制度来激励和约束。我们的实验证据表明，在不同环境中社会成员拥有的组合性社会偏好并非一成不变的，且这些社会偏好会显著影响他们的合作行为，这意味着作为社会成员的自愿供给合作是自发行为的结果，这对社会合作中的相关公共政策设计具有重要的参考价值。那么，通过观察人们的偏好特征，再进一步对人的行为进行适当干预，建立合理有效的公共机制或政策制度，兼顾这几方面的公共政策机制将更大限度地提高公共治理绩效。

7.2.1　倡导良性互动的多方共同参与原则

在公共品自愿供给合作过程中，都涉及政府、企业、公众社会服务机构等诸多利益相关者，良性互动的多方共同参与原则旨在通过利益相关者的广泛参与来达到提高公共品自愿供给合作的目的。例如,我们前面实验提到的环保领域,要维护好环境公共利益不仅要多鼓励环保企业继续坚持绿色发展理念,践行节能减排做法,还要带动其他环保投资不到位的污染企业主动承担环保社会责任,通过依法将企业环保投资行为的奖惩及收益等情况公之于众,形成企业间参考依赖下的良性策略互动,营造公平、利他、共同参与的企业环保投资舆论氛围,企业环保投资合作才能获取更多的集体行动收益和公共治理绩效。又如在扶贫领域,如果单纯依靠政府机构执行的转移支付方式,会过度依赖于政府对信息有效性的判断、贫困对象的识别和评价以及实施机构政策的落实等,一旦任何环节执行不到位,都会使扶贫工作出现严重问题,而实验证据表明依靠政府一方是不够的,需让企业、居民等多方社会力量共同参与扶贫工作。

总体来说,在现实生活中,无论是环保领域,还是扶贫领域等想要形成公共品自愿供给中的利他、互动公平的主观意愿及良性互动的舆论氛围,并非凭借单一力量短期内可以完成,需要社会多方主体长期的共同协作,因此我们倡导良性互动的多方共同参与原则。

7.2.2 引入适当惩罚力度的监督机制

通过前文可知,从公共品政府治理的角度来看,通过政府的惩罚、执法监督等激励方式可能在一定程度上促进社会成员合作。很多实际现象显现了其有效性,例如,法院、检察院等政府组织机构,通过设立正式的集中式惩罚机制、第三方惩罚机制等,可以对商品造假行为、违法交易等行为,采用没收非法所得、明确罚金等方式来惩戒"搭便车"者,从而可能达到治理"搭便车"行为的目的。然而,并非所有的惩罚机制总能促进社会合作,有时不当的惩罚力度常常会引起资源消耗、反社会惩罚等报复行动,甚至降低个体的合作动机,最终使公共品自愿供给合作陷入集体行动困境。正如我们提到的环保领域,通过集中式惩罚方式加强企业环保投资的日常监督与管理,同时对污染企业应把握惩罚力度,根据企业的环保投资参与强度、环境污染程度、对社会的危害程度等采取适中的惩罚力度。要避免惩罚力度过高，使企业收益大幅缩水，降低企业环保投资合作水平；也要防止惩罚力度过低，发挥不了集中式惩罚制度的惩戒作用。

引入适当惩罚力度的监督机制，即在实际生活中，可根据不同公共品类型以及国家和地区的公共治理状况，不断探索符合自身情况的适当惩罚力度，并寻找最优阈值使得集体利益最大化。

7.2.3　构建行为干预导向的公共治理模式

不同于传统的公共政策设计理念，行为干预导向的公共治理模式假定社会成员是有限理性的，依照组合性均衡思想理念，他们在公共品自愿供给中不仅有自利偏好，而且存在相关利益主体之间的互动公平和利他倾向，应进一步参考依赖某些特定基准点，去做出行为决策判断。尽管社会偏好主导了人们的自发行为决策，但人们总是存在各种认知偏差，从而即便拥有正确的激励机制，也未必能够实现政策意图。比如在环保领域，传统公共政策的做法通常是对可能存在环保投资不足、排污的企业进行日常监督，同时对已经出现环保投资不到位、污染现象的企业实施事后惩罚，但是这样的做法很难根治环保污染问题。面对此种难题，实验证据表明需要对非合作企业进行一定程度上的事前行为干预，例如政府通过企业间奖惩及收益等信息完全公开、同行互评、创建利益相关者交流平台、提倡向贡献企业学习等手段来矫正这些非合作企业的认知偏差，使得非合作企业能够参照自己以及其他企业的行为来调整策略，自发采取合作行为。又如在扶贫领域，为避免出现扶贫工作不到位甚至出现加剧不平等的反常现象，可通过引进居民参与评价、对居民进行能力培养、借助企业力量帮扶就业等方式来进行行为干预，这样可能对提高扶贫政策绩效更有帮助。

行为干预导向的公共治理模式强调了利益相关者的主观能动性，体现了积极参与公共品自愿供给合作的重要性，目的正是矫正行为主体的认知偏差，突破其理性局限，并通过激活行为主体内在的社会偏好进一步激发其自发的合作行为。

7.3 研究展望

本书研究可能因能力和资源有限，还存在一些不够到位的地方，回望整个研究过程，大概存在以下几方面的欠缺，待日后有机会做更进一步的探讨。

（1）可以采取互联网实验及情景实验相结合的多样化实验方式。我们主要采用的是 Z-tree 软件进行计算机编程的行为科学实验和 C 语言编程的计算机仿真实验，这些方式主要采取的是局域网实验，尽管行为科学实验已很好地体现了实验对象在实验中行为决策的互动作用，但为了更有效地使实验贴近现实，今后的研究可以采用互联网和情景实验相结合的方式，并将情景实验、互联网实验与局域网实验进行对比分析，这种对比性的实验方案对制定更为合理的公共政策与机制社会具有非常重要的实践意义。

（2）可以选择多主体多阶段的动态博弈实验设计。我们的行为科学实验和仿真实验主要是两博弈主体单一阶段的动态博弈实验，而现实的公共品自愿供给过程中涉及众多相关利益主体，这些主体不仅存在两两之间的一次性博弈，还存在多主体反复博弈的现象。在今后的研究中可以将其扩展为多主体多阶段的动态博弈实验，使模拟实验无限接近现实中的公共品自愿供给情况，以期为社会合作领域提供更具操作价值的指导。

（3）考虑不同类型的实验被试对象参与实验。受人力和财力限制，我们的实验样本数据仍然存在一些不足。我们的行为科学实验的被试对象均是由学生组成，尽管学生作为被试对象已是实验经济学最常用的方法，但是我们的实验与其他实验不同的是加入了企业环保投资的实验背景，这就需要考虑实验对象的身份认同感或社会认同感问题，即由于学生无现实体验，这有可能使得被试对象在某种程度上形成一定的行为默契。在今后的研究中可以选取不同身份、不同职业、不同年龄的被试对象类型，尤其可以考虑招募一些更具现实社会背景的被试对象。

参考文献

◎ 奥尔森，2011. 集体行动的逻辑 [M]. 陈郁，郭宇峰，李崇新，译. 上海：格致出版社.

◎ 波蒂特 R，詹森 A，奥斯特罗姆，2011. 共同合作：集体行为、公共资源与实践中的多元方法 [M]. 路蒙佳，译. 北京：中国人民大学出版社.

◎ 陈柏峰，2011. 村庄公共品供给中的"好混混"[J]. 青年研究（3）：48-54.

◎ 陈琪，彭玉雪，2021. 环境执法监督与企业环保投资：基于环保约谈的准自然实验 [J]. 会计之友（3）：56-63.

◎ 陈思静，马剑虹，2011. 第三方惩罚与社会规范激活：社会责任感与情绪的作用 [J]. 心理科学，34（3）：670-675.

◎ 陈思静，朱玥，2020. 惩罚的另一张面孔：惩罚的负面作用及破坏性惩罚 [J]. 心理科学，43（4）：911-917.

◎ 陈叶烽，2010. 社会偏好的检验：一个超越经济人的实验研究 [D]. 杭州：浙江大学.

◎ 陈叶烽，叶航，汪丁丁，2012. 超越经济人的社会偏好理论：一个基于实验经济学的综述 [J]. 南开经济研究（1）：63-100.

◎ 陈哲，陈国宏，2018. 建设项目绿色创新努力及利他偏好诱导 [J]. 中国管理科学，26（7）：187-196.

◎ 迪克西特，2007. 法律缺失与经济学：可供选择的经济治理方式 [M]. 郑江淮，李艳东，张杭辉，等，译. 北京：中国人民大学出版社.

◎ 杜建军，刘洪儒，吴浩源，2020. 环保督察制度对企业环境保护投资的影响

[J]. 中国人口·资源与环境，30（11）：151-159.

◎ 樊丽明，石绍宾，2003. 中国公共品自愿供给实证分析：以中国福利彩票筹资为例 [J]. 当代财经（10）：25-29.

◎ 范良聪，刘璐，梁捷，2013. 第三方的惩罚需求：一个实验研究 [J]. 经济研究，48（5）：98-111.

◎ 韩菁，滕新玉，叶顺心，等，2018. 考虑合作网络稳健性的三参照点决策方法 [J]. 运筹与管理，27（11）：26-35.

◎ 黄健柏，王叶，钟美瑞，等，2014. 代际视角下矿产资源开发补偿的组合性均衡评价模型 [J]. 预测，33（5）：71-75，80.

◎ 黄凯南，2009. 演化博弈与演化经济学 [J]. 经济研究，44（2）：132-145.

◎ 霍奇逊 M，2007. 演化与制度：论演化经济学和经济学的演化 [M]. 任荣华，张林，洪福海，等译. 北京：中国人民大学出版社.

◎ 科林·凯莫勒，2006. 行为博弈：对策略互动的实验研究 [M]. 贺京同，那艺，冀嘉蓬，译. 北京：中国人民大学出版社.

◎ 李晓博，马剑虹，2017. 公共物品两难中惩罚对合作的影响：偏好异质的视角 [J]. 社会科学家（6）：68-72.

◎ 李月娥，李佩文，董海伦，2018. 产权性质、环境规制与企业环保投资 [J]. 中国地质大学学报（社会科学版），18（6）：36-49.

◎ 连洪泉，周业安，左聪颖，等，2013. 惩罚机制真能解决搭便车难题吗？：基于动态公共品实验的证据 [J]. 管理世界（4）：69-81.

◎ 廖玉玲，洪开荣，张亮，2015. 第三方惩罚机制与双边合作秩序的维持：来自房地产征用补偿的实验证据 [J]. 系统工程理论与实践，35（11）：2798-2808.

◎ 刘秉镰，刘维林，2007. 准公共物品私人供给机制的博弈分析：以中国交通基础设施投资为例 [J]. 中国软科学（8）：145-151.

◎ 刘敬伟，蒲勇健，2008. 行为经济学中的公平互惠：和谐社会的经济理论基

础 [J]. 当代财经（4）：8-13.

◎ 刘艳，2019. 博弈论视角下准公共物品私人自愿供给研究：以民间图书共享为例 [J]. 图书馆工作与研究（8）：17-25.

◎ 卢梭，2015. 论人类不平等的起源和基础 [M]. 邓冰艳，译. 杭州：浙江文艺出版社.

◎ 罗伯特·萨格登，2008. 权利、合作与福利的经济学 [M]. 方钦，译. 上海：上海财经大学出版社.

◎ 罗寒冰，徐富明，李彬，等，2015. 基于预期理论的风险决策的神经机制 [J]. 心理科学，38（2）：341-348.

◎ 罗纳德·哈里·科斯，1994. 论生产的制度结构 [M]. 盛洪，陈郁，译校. 上海：上海三联书店.

◎ 罗艺，封春亮，古若雷，等，2013. 社会决策中的公平准则及其神经机制 [J]. 心理科学进展，21（2）：300-308.

◎ 孟庆春，张夏然，郭影，2020. "供应链＋多元主体"视角下中小制造企业污染共治路径与机制研究 [J]. 中国软科学（9）：100-110.

◎ 庞娟，2010. 博弈视角下农村社区公共品自愿供给的激励机制研究 [J]. 学术论坛，33（5）：105-108.

◎ 培顿·扬 H，2004. 个人策略与社会结构：制度的演化理论 [M]. 王勇，译. 上海：上海三联书店.

◎ 蒲龙，2013. 个人视角下的环境公共品自愿供给模型分析 [J]. 山西财政税务专科学校学报，15（1）：59-63.

◎ 蒲勇健，2012. 公平互惠的思想、理论与模型 [J]. 重庆广播电视大学学报，24（5）：3-10.

◎ 青木昌彦，2001. 比较制度分析 [M]. 周黎安，译. 上海：上海远东出版社.

◎ 全吉，储育青，王先甲，2019. 具有惩罚策略的公共物品博弈与合作演化 [J].

系统工程理论与实践，39（1）：141-149.

◎ 全吉，周亚文，王先甲，2020. 社会困境博弈中群体合作行为演化研究综述 [J]. 复杂系统与复杂性科学，17（1）：1-14.

◎ 单文杰，2011. 明清时期晋商行会制度研究 [D]. 济南：山东大学.

◎ 史晋川，2004. 温州模式的历史制度分析：从人格化交易与非人格化交易视角的观察 [J]. 浙江社会科学（2）：16-20.

◎ 宋紫峰，周业安，2011. 收入不平等、惩罚和公共品自愿供给的实验经济学研究 [J]. 世界经济（10）：35-54.

◎ 孙秀林，2009. 村庄民主，村干部角色及其行为模式 [J]. 社会，29（1）：66-88.

◎ 唐俊，王翊，2013. 基于心理学博弈理论的互惠行为模型分析 [J]. 系统工程（5）：79-84.

◎ 汪崇金，聂左玲，2015. 破解社会合作难题：强互惠真的够强吗？：基于公共品实验研究 [J]. 外国经济与管理，37（5）：52-64.

◎ 汪崇金，史丹，聂左玲，等，2018. 打开天窗说亮话：社会合作何以可能 [J]. 中国工业经济（4）：156-173.

◎ 汪贤裕，王华，王勇，2006. 企业内公共物品自愿投资行为分析 [J]. 数学的实践与认识，36（10）：1-7.

◎ 王舒扬，吴蕊，高旭东，等，2019. 民营企业党组织治理参与对企业绿色行为的影响 [J]. 经济管理，41（8）：40-57.

◎ 王文宾，2009. 演化博弈论研究的现状与展望 [J]. 统计与决策（3）：158-161.

◎ 王云，张昀彬，2021. 社会偏好理论：争议与未来发展 [J]. 学术月刊，53（6）：72-86.

◎ 威廉姆森 E，2003. 资本主义经济制度 [M]. 段毅才，王伟，译. 北京：商务印书馆.

◎ 韦倩，2009.增强惩罚能力的若干社会机制与群体合作秩序的维持 [J].经济研究，44（10）：133-143，160.

◎ 韦倩，2010.强互惠理论研究评述 [J].经济学动态（5）：106-111.

◎ 韦倩，孙瑞琪，姜树广，等，2019.协调性惩罚与人类合作的演化 [J].经济研究，54（7）：174-187.

◎ 魏光兴，蒲勇健，2007.互惠动机与激励：实验证据及其启示 [J].科技管理研究，27（3）：254-256.

◎ 魏莹，熊思佳，2020.竞争？或者合作？：基于报童决策的底线和现状利润双参照点研究 [J].系统工程理论与实践，40（12）：3164-3180.

◎ 吴建南，文婧，秦朝，2018.环保约谈管用吗？：来自中国城市大气污染治理的证据 [J].中国软科学（11）：66-75.

◎ 吴燕，周晓林，2012.公平加工的情境依赖性：来自 ERP 的证据 [J].心理学报，44（6）：797-806.

◎ 夏纪军，2005.中国的信任结构及其决定：基于一组实验的分析 [J].财经研究，31（6）：39-51，106.

◎ 肖特，2003.社会制度的经济理论 [M].陆铭，陈钊，译.上海：上海财经大学出版社.

◎ 谢东杰，苏彦捷，2019.第三方惩罚的演化与认知机制 [J].心理科学，42（1）：216-222.

◎ 谢林 C，2005.微观动机与宏观行为 [M].谢静，邓子梁，李天有，译.北京：中国人民大学出版社.

◎ 谢晓非，陆静怡，2014.风险决策中的双参照点效应 [J].心理科学进展，22（4）：571-579.

◎ 徐江南，黄健柏，2012.基于参照依赖实验的公平偏好性质探究：来自中国情境下的实验证据 [J].管理评论，24（4）：115-123，149.

◎ 许广，李小娟，2011. 基于公平互惠理论的政府与开发商房屋拆迁博弈分析 [J]. 湖南师范大学社会科学学报，40（1）：84-88.

◎ 亚当·斯密，1997. 道德情操论 [M]. 蒋自强，钦北愚，朱钟棣，等译. 北京：商务印书馆.

◎ 闫佳，章平，2016. 集中式惩罚与公共品自愿供给：一项实验研究 [J]. 经济学动态（6）：85-99.

◎ 杨剑，方易新，杜少甫，2020. 考虑参照依赖的企业合作创新演化博弈分析 [J]. 中国管理科学，28（1）：191-200.

◎ 杨宇谦，吴建南，白波，2012. 资源禀赋与公共品供给：合作视角下的实验研究 [J]. 管理评论，24（11）：158-169.

◎ 叶航，2012. 公共合作中的社会困境与社会正义：基于计算机仿真的经济学跨学科研究 [J]. 经济研究，47（8）：132-145.

◎ 叶航，陈叶烽，贾拥民，2013. 超越经济人：人类的亲社会行为与社会偏好 [M]. 北京：高等教育出版社.

◎ 张元鹏，陈阳，2021. 集中式惩罚与合作维护机制研究：基于公共品自愿捐献实验的证据 [J]. 中南财经政法大学学报（1）：90-101.

◎ 赵黎明，张海红，吴文清，2016. 空间公共品博弈下孵化器区域性联盟稳定性仿真 [J]. 科学学与科学技术管理，37（9）：67-77.

◎ 赵旭，洪开荣，2017. 互动公平视角下农地征收补偿的组合性均衡定价 [J]. 统计与决策（6）：35-39.

◎ 赵玉洁，王平心，2008. 利他偏好的内生模型及其经济学解释 [J]. 经济经纬（2）：5-8.

◎ 钟美瑞，胡小雪，黄健柏，等，2015. 基于组合性均衡评价模型的矿产资源开发补偿定价公平性分析 [J]. 经济地理，35（4）：162-168.

◎ 周怀峰，谢长虎，2015. 强互惠、非强互惠第三方惩罚与群体合作秩序 [J].

中国行政管理（5）：97-103.

◎ 周业安，宋紫峰，连洪泉，等，2017. 社会偏好理论与社会合作机制研究：基于公共品博弈实验的视角 [M]. 北京：中国人民大学出版社.

◎ 朱富强，2008. 三位一体的人类合作之扩展秩序：哈耶克的自生自发秩序原理之述评 [J]. 北方法学，2（3）：12-26.

◎ 周业安，宋紫峰，连洪泉，等，2017. 社会偏好理论与社会合作机制研究：基于公共品博弈实验的视角 [M]. 北京：中国人民大学出版社.

◎ 朱富强，2008. 三位一体的人类合作之扩展秩序：哈耶克的自生自发秩序原理之述评 [J]. 北方法学，2（3）：12-26.

◎ ABBINK K, IRLENBUSCH B, RENNER E, 2000. The moonlighting game: An experimental study on reciprocity and retribution[J]. Journal of Economic Behavior & Organization, 42(2): 265-277.

◎ ABDELLAOUI M, BLEICHRODT H, PARASCHIV C, 2007. Loss aversion under prospect theory: A parameter-free measurement[J]. Management Science, 53(10): 1659-1674.

◎ ABELE S, STASSER G, CHARTIER C, 2010. Conflict and coordination in the provision of public goods: a conceptual analysis of continuous and step-level games[J]. Personality and Social Psychology Review, 14(4): 385-401.

◎ ALEXANDRIDIS A, ZAPRANIS A, 2013. Wind derivatives: Modeling and pricing[J]. Computational Economics, 41(3): 299-326.

◎ AMIR M, BERNINGHAUS S K, 1996. Another approach to mutation and learning in games[J]. Games and Economic Behavior, 14(1): 19-43.

◎ ANDERSON C M, PUTTERMAN L, 2006. Do non-strategic sanctions obey the law of demand? The demand for punishment in the voluntary contribution mechanism[J]. Games and Economic Behavior, 54(1): 1-24.

◎ ANDREONI J, GEE L K, 2012. Gun for hire: delegated enforcement and peer punishment in public goods provision[J]. Journal of Public Economics, 96(11): 1036-1046.

◎ ANDREONI J, HARBAUGH W, VESTERLUND L, 2003. The carrot or the stick: Rewards, punishments, and cooperation[J]. American Economic Review, 93(3): 893-902.

◎ ANDREONI J, MILLER J, 2002. Giving according to GARP: An experimental test of the consistency of preferences for altruism[J]. Econometrica, 70(2): 737-753.

◎ ANDREONI J, 1995b. Cooperation in public-goods experiments: Kindness or confusion?[J]. American Economic Review, 85(4): 891-904.

◎ ANDREONI J, 1995a. Warm-glow versus cold-prickle: the effects of positive and negative framing on cooperation in experiments[J]. The Quarterly Journal of Economics, 110(1): 1-21.

◎ ARRATIA A, CABAÑA A, 2013. A graphical tool for describing the temporal evolution of clusters in financial stock markets[J]. Computational economics, 41(2): 213-231.

◎ ASHRAF N, BOHNET I, PIANKOV N, 2006. Decomposing trust and trustworthiness [J]. Experimental economics, 9(3): 193-208.

◎ BADSHAH M, BEAUMONT P, SRIVASTAVA A, 2013. Computing equilibrium wealth distributions in models with heterogeneous-agents, incomplete markets and idiosyncratic risk[J]. Computational Economics, 41: 171-193.

◎ BALAFOUTAS L, NIKIFORAKIS N, ROCKENBACH B, 2014. Direct and indirect punishment among strangers in the field[J]. Proceedings of the National Academy of Sciences, 111(45): 15924-15927.

◎ BARBALIOS N, IOANNIDOU I, TZIONAS P, et al., 2012. A constrained multi-agent system compensating for self-lucrative behaviours in water resource sharing[J]. Civil Engineering and Environmental Systems, 29(4): 282-290.

◎ BECKAGE B, KAUFFMAN S, GROSS L J, et al.. 2013. More complex complexity: Exploring the nature of computational irreducibility across physical, biological, and human social systems[M]//ZENIL H. Irreducibility and computational equivalence: 10 years after wolfram's a new kind of science. New York: Springer Nature: 79-88.

◎ BENDOR J, KRAMER R, SWISTAK P, 1996. Cooperation under uncertainty: What is new, what is true, and what is important[J]. American Sociological Review, 61(2): 333-338.

◎ BENDOR J, SWISTAK P, 1997. The evolutionary stability of cooperation[J]. American Political Science Review, 91(2): 290-307.

◎ BENJAMIN D J, CHOI J J, STRICKLAND A J, 2010. Social identity and preferences[J]. American Economic Review, 100(4): 1913-1928.

◎ BERGSTROM T C, 2002. Evolution of social behavior: individual and group selection[J]. Journal of Economic perspectives, 16(2): 67-88.

◎ BICCHIERI C, XIAO E, MULDOON R, 2011. Trustworthiness is a social norm but trust is not[J]. Politics Philosophy & Economics, 10(2): 170-197.

◎ BINMORE K, 2006. Why do people cooperate?[J]. Politics, Philosophy & Economics, 5(1): 81-96.

◎ BO X Y, 2012. Prisoner's dilemma game on complex networks with agents' adaptive expectations[J]. Journal of Artificial Societies and Social Simulation, 15(3): 1-17.

◎ BOETERS S, 2013. Optimal tax progressivity in unionised labour markets: Simulation results for Germany[J]. Computational Economics, 41: 447-474.

◎ BOLTON G E, OCKENFELS A, 2005. A stress test of fairness measures in models of social utility[J]. Economic Theory, 25(4): 957-982.

◎ BOLTON G E, OCKENFELS A, 2000. ERC: A theory of equity, reciprocity, and competition[J]. American economic review, 90(1): 166-193.

◎ BORNSTEIN G, WEISEL O, 2010. Punishment, cooperation, and cheater detection in "noisy" social exchange[J]. Games, 1(1): 18-33.

◎ BOWLES S, GINTIS H, 2013. A Cooperative Species: Human Reciprocity and its Evolution[J]. Economics Books, 50(3): 797-803.

◎ BOWLES S, GINTIS H, 2004. The evolution of strong reciprocity: cooperation in heterogeneous populations[J]. Theoretical population biology, 65(1): 17-28.

◎ BOYD R, GINTIS H, BOWLES S, 2010. Coordinated punishment of defectors sustains cooperation and can proliferate when rare[J]. Science, 328(5978): 617-620.

◎ BRANDT H, HAUERT C, SIGMUND K, 2006. Punishing and abstaining for public goods[J]. Proceedings of the National Academy of Sciences, 103(2): 495-497.

◎ BRANDTS J, CHARNESS G, 2011. The strategy versus the direct-response method: a first survey of experimental comparisons[J]. Experimental Economics, 14: 375-398.

◎ BRANDTS J, SCHRAM A, 2001. Cooperation and noise in public goods experiments: applying the contribution function approach[J]. Journal of Public Economics, 79(2): 399-427.

◎ BRIANZONI S, CERQUETI R, MICHETTI E, 2010. A dynamic stochastic model of asset pricing with heterogeneous beliefs[J]. Computational Economics, 35: 165-188.

◎ BUCHAN N R, CROSON R T A, JOHNSON E J, 2004. When do fair beliefs influence bargaining behavior? Experimental bargaining in Japan and the United States[J]. Journal of Consumer Research, 31(1): 181-190.

◎ BURLANDO R M, GUALA F, 2005. Heterogeneous agents in public goods experiments[J]. Experimental Economics, 8: 35-54.

◎ BURUM B, NOWAK M A, HOFFMAN M, 2020. An evolutionary explanation for ineffective altruism[J]. Nature Human Behaviour, 4(12): 1245-1257.

◎ CAO L, OHTSUKI H, WANG B, et al., 2011. Evolution of cooperation on adaptively weighted networks[J]. Journal of theoretical biology, 272(1): 8-15.

◎ CAO X B, DU W B, RONG Z H, 2010. The evolutionary public goods game on scale-free networks with heterogeneous investment[J]. Physica A: Statistical Mechanics and its Applications, 389(6): 1273-1280.

◎ CARDILLO A, GÓMEZ-GARDEÑES J, VILONE D, et al., 2010. Co-evolution of strategies and update rules in the prisoner's dilemma game on complex networks[J]. New Journal of Physics, 12(10): 103034.

◎ CARPENTER J P, 2007. The demand for punishment[J]. Journal of Economic Behavior & Organization, 62(4): 522-542.

◎ CARPENTER J, MATTHEWS P H, 2009. What norms trigger punishment?[J]. Experimental Economics, 12(3): 272-288.

◎ CASARI M, LUINI L, 2009. Cooperation under alternative punishment institutions: An experiment[J]. Journal of Economic Behavior & Organization, 71(2): 273-282.

◎ CASON T N, MUI V L, 1998. Social influence in the sequential dictator game[J]. Journal of mathematical psychology, 42(2-3): 248-265.

◎ CHARNESS G, FRÉCHETTE G R, QIN C Z, 2007. Endogenous transfers in the Prisoner's Dilemma game: An experimental test of cooperation and coordination

[J]. Games and Economic Behavior, 60(2): 287-306.

◎ CHARNESS G, HARUVY E, 2002. Altruism, equity, and reciprocity in a gift-exchange experiment: an encompassing approach[J]. Games and Economic Behavior, 40(2): 203-231.

◎ CHARNESS G, RABIN M, 2002. Understanding social preferences with simple tests[J]. Quarterly Journal of Economics, 117(3): 817-869.

◎ CHARNESS G, RABIN M, 2000. Social preferences: Some simple tests and a new model[J]. Economics Working Papers.

◎ CHAUDHURI A, 2011. Sustaining cooperation in laboratory public goods experiments: a selective survey of the literature[J]. Experimental Economics, 14(1): 47-83.

◎ CHAVEZ A K, BICCHIERI C, 2013. Third-party sanctioning and compensation behavior: Findings from the ultimatum game[J]. Journal of Economic Psychology, 39: 268-277.

◎ CHEN Y, LI S X, 2009. Group identity and social preferences[J]. American Economic Review, 99(1): 431-457.

◎ CINCOTTI S, GARDINI L, LUX T, 2008. New Advances in Financial Economics: Heterogeneity and Simulation[J]. Computational economics, 32(1): 1-2.

◎ COHN A, FEHR E, GOETTE L, 2014. Fair wages and effort provision: Combining evidence from a choice experiment and a field experiment[J]. Management Science, 61(8): 1777-1794.

◎ CONRADT L, 2012. Models in animal collective decision-making: information uncertainty and conflicting preferences[J]. Interface focus, 2(2): 226-240.

◎ COX J C, 2004. How to identify trust and reciprocity[J]. Games and economic behavior, 46(2): 260-281.

◎ DAWES R M, MESSICK D M, 2000. Social dilemmas[J]. International journal of psychology, 35(2): 111-116.

◎ DAWES R M, 1980. Social dilemmas[J]. Annual review of psychology, 31: 169-193.

◎ DAWID H, NEUGART M, 2011. Agent-based models for economic policy design [J]. Eastern Economic Journal, 37: 44-50.

◎ DE MARCO G, MORGAN J, 2008. Slightly altruistic equilibria[J]. Journal of Optimization Theory and Applications, 137(2): 347-362.

◎ DEMSETZ H, 1993. The private production of public goods, once again[J]. Critical Review, 7(4): 559-566.

◎ DENZAU A T, NORTH D C, 1994. Shared mental models: ideologies and institutions [J]. Kyklos, 1(47): 3-31.

◎ DICKINSON D L, 2000. Ultimatum decision-making: A test of reciprocal kindness [J]. Theory and Decision, 48: 151-177.

◎ DOSI G, FAGIOLO G, NAPOLETANO M, et al., 2013. Income distribution, credit and fiscal policies in an agent-based Keynesian model[J]. Journal of Economic Dynamics and Control, 37(8): 1598-1625.

◎ DUESENBERRY J, 1949. Income, saving and the theory of consumer behavior[M]. Cambridge: Harvard University Press.

◎ DUFWENBERG M, GNEEZY U, 2000. Measuring beliefs in an experimental lost wallet game[J]. Games and economic Behavior, 30(2): 163-182.

◎ DUFWENBERG M, KIRCHSTEIGER G, 2004. A theory of sequential reciprocity [J]. Games and economic behavior, 47(2): 268-298.

◎ DYER D, JOHN K, DAN L, 1989. A comparison of naive and experienced bidders in common value offer auctions: A laboratory analysis[J]. Economics Journal, 99

(394): 108-115.

◎ FALK A, FISCHBACHER U, 2006. A theory of reciprocity[J]. Games and economic behavior, 54(2): 293-315.

◎ FEHR E, SCHMIDT K M, 2003. Theories of fairness and reciprocity-evidence and economic applications[M]//. DEWATRIPONT M, HANSEN L P, TURNOVSKY S J. Advances in economics and econometrics theory and applications, eighth world congress. Cambridge University Press, 208-257.

◎ FEHR E, FISCHBACHER U, 2003. The nature of human altruism[J]. Nature, 425(6960): 785-791.

◎ FEHR E, FISCHBACHER U, 2002. Why social preferences matter–the impact of non-selfish motives on competition, cooperation and incentives[J]. The economic journal, 112(478): C1-C33.

◎ FEHR E, GÄCHTER S, 2000. Cooperation and punishment in public goods experiments[J]. American Economic Review, 90(4): 980-994.

◎ FEHR E, GÄCHTER S, 2002. Altruistic punishment in humans[J]. Nature, 415: 137-140.

◎ FEHR E, GOETTE L, ZEHNDER C, 2009. A behavioral account of the labor market: The role of fairness concerns[J]. Annu. Rev. Econ., 1(1): 355-384.

◎ FEHR E, KIRCHSTEIGER G, RIEDL A, 1993. Does fairness prevent market clearing? An experimental investigation[J]. The quarterly journal of economics, 108(2): 437-459.

◎ FEHR E, KIRCHSTEIGER G, RIEDL A. Gift exchange and reciprocity in competitive experimental markets[J]. European Economic Review, 1998, 42(1): 1-34.

◎ FEHR E, KLEIN A, SCHMIDT K M, 2007. Fairness and contract design[J].

Econometrica, 75(1): 121-154.

◎ FEHR E, KREMHELMER S, SCHMIDT K M, 2008. Fairness and the optimal allocation of ownership rights[J]. The Economic Journal, 118(531): 1262-1284.

◎ FEHR E, SCHMIDT K M, 1999. A theory of fairness, competition, and cooperation [J]. The quarterly journal of economics, 114(3): 817-868.

◎ FEHR E, SCHMIDT K M, 2004. Fairness and Incentives in a Multi-task Principal-Agent Model[J]. The Scandinavian Journal of Economics, 106(3): 453-474.

◎ FEHR E, SCHMIDT K M, 2005. The economics of fairness, reciprocity and altruism-Experimental evidence and new theories[J]. Economics, 20: 1-49.

◎ FISCHBACHER U, GÄCHTER S, FEHR E, 2001. Are people conditionally cooperative? Evidence from a public goods experiment[J]. Economics letters, 71(3): 397-404.

◎ FISCHBACHER U, GÄCHTER S, 2010. Social preferences, beliefs, and the dynamics of free riding in public goods experiments[J]. American economic review, 100(1): 541-556.

◎ FLETCHER T, SHAWE-TAYLOR J, 2013. Multiple kernel learning with fisher kernels for high frequency currency prediction[J]. Computational Economics, 42: 217-240.

◎ FORSYTH P A I, HAUERT C, 2011. Public goods games with reward in finite populations[J]. Journal of mathematical biology, 63(1): 109-123.

◎ FRANKE R, WESTERHOFF F, 2011. Estimation of a structural stochastic volatility model of asset pricing[J]. Computational Economics, 38: 53-83.

◎ FREY B S, BOHNET I, 1997. Identification in democratic society[J]. The Journal of Socio-Economics, 26(1): 25-38.

◎ FUKUYAMA F, AXELROD R, JERVIS R, 1998. The Complexity of Cooperation:

Agent-Based Models of Competition and Collaboration[J]. Foreign affairs (Council on Foreign Relations), 77(2): 142.

◎ GÄCHTER S, FEHR E, 2002. Fairness in the labour market: A survey of experimental results[M]//Surveys in experimental economics: Bargaining, cooperation and election stock markets. Heidelberg: Physica-Verlag HD: 95-132.

◎ GÄCHTER S, HERRMANN B, 2011. The limits of self-governance when cooperators get punished: Experimental evidence from urban and rural Russia[J]. European economic review, 55(2): 193-210.

◎ GALLUCCI M, PERUGINI M, 2000. An experimental test of a game-theoretical model of reciprocity[J]. Journal of Behavioral Decision Making, 13(4): 367-389.

◎ GEANAKOPLOS J, PEARCE D, STACCHETTI E, 1989. Psychological games and sequential rationality[J]. Games and economic Behavior, 1(1): 60-79.

◎ GINTIS H, 2003. Solving the puzzle of prosociality[J]. Rationality and Society, 15(2): 155-187.

◎ GINTIS H, 2000. Strong reciprocity and human sociality[J]. Journal of theoretical biology, 206(2): 169-179.

◎ GOEREE J K, HOLT C A, LAURY S K, 2002. Private costs and public benefits: unraveling the effects of altruism and noisy behavior[J]. Journal of public Economics, 83(2): 255-276.

◎ GOLDIN K D, 1977. Equal access vs. selective access: a critique of public goods theory[J]. Public Choice, 29(1), 53-71.

◎ GONZALEZ F, RODRIGUEZ A, 2013. Monetary policy under time-varying uncertainty aversion[J]. Computational Economics, 41: 125-150.

◎ GRAUBNER M, BALMANN A, SEXTON R J, 2011. Spatial price discrimination in agricultural product procurement markets: a computational economics approach

[J]. American Journal of Agricultural Economics, 93(4): 949-967.

◎ GRECH P D, NAX H H, 2020. Rational altruism? On preference estimation and dictator game experiments[J]. Games and Economic Behavior, 119: 309-338.

◎ GUO X, ZHENG L, ZHU L, et al., 2013. Increased neural responses to unfairness in a loss context[J]. Neuroimage, 77: 246-253.

◎ GÜRERK Ö, IRLENBUSCH B, ROCKENBACH B, 2006. The competitive advantage of sanctioning institutions[J]. Science, 312(5770): 108-111.

◎ GÜROĞLU B, WILL G J, CRONE E A, 2014. Neural correlates of advantageous and disadvantageous inequity in sharing decisions[J]. PloS one, 9(9): e107996.

◎ GÜTH W, LEVATI M V, SUTTER M, et al., 2007. Leading by example with and without exclusion power in voluntary contribution experiments[J]. Journal of Public Economics, 91(5-6): 1023-1042.

◎ HARDIN G, 1998. Extensions of "The Tragedy of the Commons" [J]. Science, 280(3): 682-683.

◎ HARDIN G, 1968. The Tragedy of the Commons[J]. Science, 162(3): 1243-1248.

◎ HARDIN R, 1971. Collective action as an agreeable n-prisoners' dilemma[J]. Behavioral science, 16(5): 472-481.

◎ HAUERT C, DE MONTE S, HOFBAUER J, et al., 2002(a). Volunteering as red queen mechanism for cooperation in public goods games[J]. Science, 296(5570): 1129-1132.

◎ HAUERT C, DE MONTE S, HOFBAUER J, et al., 2002(b). Replicator dynamics for optional public good games[J]. Journal of Theoretical Biology, 218(2): 187-194.

◎ HAUERT C, TRAULSEN A, BRANDT H, et al., 2007. Via freedom to coercion: the emergence of costly punishment[J]. science, 316(5833): 1905-1907.

◎ HAUERT C, 2010. Replicator dynamics of reward & reputation in public goods games[J]. Journal of theoretical biology, 267(1): 22-28.

◎ HERRMANN B, THONI C, GACHTER S, 2008. Antisocial punishment across societies[J]. Science, 319(5868): 1362-1367.

◎ HERRMANN B, THÖNI C, 2009. Measuring conditional cooperation: a replication study in Russia[J]. Experimental Economics, 12: 87-92.

◎ HESPELER F, 2012. On Boundary Conditions Within the Solution of Macroeconomic Dynamic Models with Rational Expectations[J]. Computational Economics, 40(3): 265-291.

◎ HO T H, SU X, 2009. Peer-induced fairness in games[J]. The American Economic Review, 99(5): 2022-2049.

◎ HOFFMAN E, MCCABE K, SMITH V L, 1996. Social distance and other-regarding behavior in dictator games[J]. The American economic review, 86(3): 653-660.

◎ HOFFMAN M, MORGAN J, 2015. Who's naughty? Who's nice? Social preferences in online industries[J]. Journal of Economic Behavior & Organization, Elsevier, 109(C): 173-187.

◎ HORVATH G, KOVÁŘÍK J, MENGEL F, 2012. Limited memory can be beneficial for the evolution of cooperation[J]. Journal of Theoretical Biology, 300: 193-205.

◎ HYNDMAN K, 2011. Repeated bargaining with reference-dependent preferences [J]. International Journal of Game Theory, 40(3): 527-549.

◎ INTERIS M G, HAAB T C, 2014. Norms, self-sanctioning, and contributions to the public good[J]. Journal of Environmental Psychology(38): 271-278.

◎ ISAAC R M, WALKER J M, 1988. Group size effects in public goods provision: The voluntary contributions mechanism[J]. The Quarterly Journal of Economics,

103(1): 179-199.

◎ ISABEL M, PEDRO R, FRANZISKA T, 2019. Institutional endogeneity and third-party punishment in social dilemmas[J]. Journal of Economic Behavior & Organization, 161: 243-264.

◎ JOHANSSON P O, KRISTRÖM B, 2021. On misrepresentation of altruistic preferences in discrete-choice experiments[J]. Journal of Agricultural and Resource Economics, 46(1): 126-133.

◎ KAGEL J H, WOLFE K W, 2001. Tests of fairness models based on equity considerations in a three-person ultimatum game[J]. Experimental Economics, 4: 203-219.

◎ KAHNEMAN D, TVERSKY A, 1979. Prospect theory: An analysis of decision under risk[J]. Econometrica, 47(2): 263-291.

◎ KAMEDA H, ALTMAN E, TOUATI C, et al., 2012. Nash equilibrium based fairness[J]. Mathematical Methods of Operations Research, 76(1): 43-65.

◎ KAMIJO Y, NIHONSUGI T, TAKEUCHI A, et al., 2014. Sustaining cooperation in social dilemmas: Comparison of centralized punishment institutions[J]. Games and Economic Behavior(84): 180-195.

◎ KERSCHBAMER R, OEXL R, 2023. The effect of random shocks on reciprocal behavior in dynamic principal-agent settings[J]. Experimental Economics, 26: 468-488.

◎ KESER C, VAN WINDEN F, 2000. Conditional cooperation and voluntary contributions to public goods[J]. scandinavian Journal of Economics, 102(1): 23-39.

◎ KINGSLEY D C, BROWN T C, 2016. Endogenous and costly institutional deterrence[J]. Journal of Behavioral and Experimental Economics(62): 33-41.

◎ KÖBBERLING V, WAKKER P P, 2005. An index of loss aversion[J]. Journal of Economic Theory, 122(1): 119-131.

◎ KOCHER M G, CHERRY T, KROLL S, et al., 2008. Conditional cooperation on three continents[J]. Economics letters, 101(3): 175-178.

◎ KOHLER S, 2011. Altruism and fairness in experimental decisions[J]. Journal of Economic Behavior & Organization, 80(1): 101-109.

◎ KOHLER S, 2003. Difference Aversion and Surplus Concern—An Integrated Approach[J]. mimeo, European University Institute, Florence.

◎ KORMILITSINA A, 2013. Solving rational expectations models with informational subperiods: A perturbation approach[J]. Computational Economics, 41: 525-555.

◎ KOSTER A, SCHORLEMMER M, SABATER-MIR J, 2013. Opening the black box of trust: reasoning about trust models in a BDI agent[J]. Journal of Logic and Computation, 23(1): 25-58.

◎ KREPS D M, WILSON R, 1982. Reputation and imperfect information[J]. Journal of economic theory, 27(2): 253-279.

◎ KRITIKOS A S, 2006. The impact of compulsory arbitration on bargaining behavior: an experimental study[J]. Economics of Governance, 7(3): 293-315.

◎ KROLL Y, DAVIDOVITZ L, 2003. Inequality aversion versus risk aversion[J]. Economica, 70(277): 19-29.

◎ KUŁAKOWSKI K, GAWRONSKI P, 2009. To cooperate or to defect? Altruism and reputation[J]. Physica A: Statistical Mechanics and its Applications, 388(17): 3581-3584.

◎ KUSTOV A, 2021. Borders of compassion: Immigration preferences and parochial altruism[J]. Comparative Political Studies, 54(3-4): 445-481.

◎ LEIBBRANDT A, LÓPEZ-PÉREZ R, 2012. An exploration of third and second party punishment in ten simple games[J]. Journal of Economic Behavior & Organization, 84(3): 753-766.

◎ LEIBBRANDT A, LÓPEZ-PÉREZ R, 2011. The dark side of altruistic third-party punishment[J]. Journal of Conflict Resolution, 55(5): 761-784.

◎ LEIBENSTEIN H, 1950. Bandwagon, snob, and Veblen effects in the theory of conspicuous demand[J]. Quarterly Journal of Economics, 64: 183-207.

◎ LEONARD H, WLADISLAW M, 2017. Selfish punishers: An experimental investigation of designated punishment behavior in public goods[J]. Economics Letters, 157: 41-44.

◎ LEVINE D K, 1998. Modeling altruism and spitefulness in experiments[J]. Review of economic dynamics, 1(3): 593-622.

◎ LIU Y, CHEN X, ZHANG L, et al., 2012. Does migration cost influence cooperation among success-driven individuals?[J]. Chaos, Solitons & Fractals, 45(11): 1301-1308.

◎ LIU Y K, LI Z, CHEN X J, et al., 2010. Payoff-based accumulative effect promotes cooperation in spatial prisoner's dilemma[J]. Chinese Physics B, 19(9): 090203.

◎ LOHSE J, WAICHMAN I, 2020. The effects of contemporaneous peer punishment on cooperation with the future[J]. Nature Communications, 11(1): 1815.

◎ LÓPEZ-PÉREZ R, 2008. Aversion to norm-breaking: A model[J]. Games and Economic behavior, 64(1): 237-267.

◎ LÓPEZ-PÉREZ R, 2012. The power of words: A model of honesty and fairness [J]. Journal of Economic Psychology, 33(3): 642-658.

◎ LU T, MCKEOWN S, 2018. The effects of empathy, perceived injustice and group identity on altruistic preferences: Towards compensation or punishment[J]. Journal of Applied Social Psychology, 48(12): 683-691.

◎ LUCK M, MAHMOUD S, MENEGUZZI F, et al., 2013. Normative agents[M]//. OSSOWSKI S. Agreement technologies. New York: Springer Link: 209-220.

◎ MANAPAT M L, NOWAK M A, RAND D G, 2013. Information, irrationality, and the evolution of trust[J]. Journal of Economic Behavior & Organization, 90: S57-S75.

◎ MARTIN C W, NEUGART M, 2009. Shocks and endogenous institutions: an agent-based model of labor market performance in turbulent times[J]. Computational Economics, 33: 31-46.

◎ MASCLET D, NOUSSAIR C, TUCKER S, et al., 2003. Monetary and nonmonetary punishment in the voluntary contributions mechanism[J]. American Economic Review, 93(1): 366-380.

◎ MCLENNAN A, TOURKY R, 2010. Imitation games and computation[J]. Games and Economic Behavior, 70(1): 4-11.

◎ MOCHÓN A, SÁEZ Y, GÓMEZ-BARROSO J L, et al., 2011. The clock proxy auction for allocating radio spectrum licenses[J]. Computational Economics, 37(4): 411-431.

◎ MOREIRA J, VUKOV J, SOUSA C, et al., 2013. Individual memory and the emergence of cooperation[J]. Animal Behaviour, 85(1): 233-239.

◎ MULLER L, SEFTON M, STEINBERG R, et al., 2008. Strategic behavior and learning in repeated voluntary contribution experiments[J]. Journal of Economic Behavior & Organization, 67(3-4): 782-793.

◎ NEILSON W S, 2002. Comparative risk sensitivity with reference-dependent preferences[J]. Journal of Risk and Uncertainty, 24: 131-142.

◎ NICOLIS G, PRIGOGINE I, CARRUTHERS P, 1990. Exploring complexity: an introduction[J]. Physics Today, 43(10): 96-97.

◎ NIKIFORAKIS N, NORMANN H T, 2008. A comparative statics analysis of punishment in public-good experiments[J]. Experimental Economics, 11(4): 358-369.

◎ NIKIFORAKIS N, 2008. Punishment and counter-punishment in public good games: Can we really govern ourselves?[J]. Journal of Public Economics, 92(1): 91-112.

◎ NOWAK M A, MAY R M, 1992. Evolutionary games and spatial chaos[J]. Nature, 359(6398): 826-829.

◎ NOWAK M A, SIGMUND K. Tit for tat in heterogeneous populations[J]. Nature, 1992, 355(6357): 250-253.

◎ NOWAK M A, TARNITA C E, WILSON E O, 2010. The evolution of eusociality[J]. Nature, 466(7310): 1057-1062.

◎ NOWAK M A, 2006. Evolutionary dynamics: exploring the equations of life[M]. Cambridge: Harvard university press.

◎ NOWAK M, SIGMUND K, 1993. A strategy of win-stay, lose-shift that outperforms tit-for-tat in the Prisoner's Dilemma game[J]. Nature, 364(6432): 56-58.

◎ OFFERMAN T, 2002. Hurting hurts more than helping helps[J]. European Economic Review, 46(8): 1423-1437.

◎ OHTSUKI H, HAUERT C, LIEBERMAN E, et al., 2006. A simple rule for the evolution of cooperation on graphs and social networks[J]. Nature, 441(7092): 502-505.

◎ OKIMOTO T G, WENZEL M, 2011. Third-party punishment and symbolic intragroup status[J]. Journal of Experimental Social Psychology, 47(4): 709-718.

◎ ORDÓÑEZ L D, CONNOLLY T, COUGHLAN R, 2000. Multiple reference points in satisfaction and fairness assessment[J]. Journal of Behavioral Decision Making, 13(3): 329-344.

◎ OSTROM E, WALKER J, GARDNER R, 1992. Covenants with and without a sword: Self-governance is possible[J]. American political science Review, 86(2): 404-417.

◎ OSTROM E, 2014. Collective action and the evolution of social norms[J]. Journal of Natural Resources Policy Research, 6(4): 235-252.

◎ PAGE T, PUTTERMAN L, UNEL B, 2005. Voluntary association in public goods experiments: Reciprocity, mimicry and efficiency[J]. The Economic Journal, 115(506): 1032-1053.

◎ PERC M, GÓMEZ-GARDENES J, SZOLNOKI A, et al., 2013. Evolutionary dynamics of group interactions on structured populations: a review[J]. Journal of the royal society interface, 10(80): 20120997.

◎ PETERS M, 2015. Reciprocal contracting[J]. Journal of Economic Theory, 158(A): 102-126.

◎ PETERS H, 2012. A preference foundation for constant loss aversion[J]. Journal of Mathematical Economics, 48(1): 21-25.

◎ POLLAK R A, 1976. Interdependent preferences[J]. The American Economic Review, 66(3): 309-320.

◎ RABIN M, 1993. Incorporating fairness into game theory and economics[J]. American Economic Review, 83(5):1281-1302.

◎ RICK O, JOSEPH H, MARK V V, 2009. Constraining free riding in public goods games: designated solitary punishers can sustain human cooperation[J]. Proceedings. Biological sciences, 276(1655): 323-329.

◎ RILLING J K, SANFEY A G, 2011. The neuroscience of social decision-making [J]. Annual review of psychology, 62: 23-48.

◎ ROBERTS G, RAIHANI N, BSHARY R, et al., 2021. The benefits of being seen to help others: indirect reciprocity and reputation-based partner choice[J]. Philosophical Transactions of the Royal Society B, 376(1838): 20200290.

◎ ROCA C P, HELBING D, 2011. Emergence of social cohesion in a model society of greedy, mobile individuals[J]. Proceedings of the National Academy of Sciences, 108(28): 11370-11374.

◎ ROHDE K I M, 2010. A preference foundation for Fehr and Schmidt's model of inequity aversion[J]. Social Choice and Welfare, 34(4): 537-547.

◎ SAMUELSON P A, 1955. Diagrammatic Exposition of a Theory of Public Expenditure. The Review of Economics and Statistic, 37(4): 350-356.

◎ SANTOS F C, PACHECO J M, 2005. Scale-free networks provide a unifying framework for the emergence of cooperation[J]. Physical review letters, 95(9): 098104.

◎ SANTOS F C, SANTOS M D, PACHECO J M, 2008. Social diversity promotes the emergence of cooperation in public goods games[J]. Nature, 454(7201): 213-216.

◎ SAPIENZA P, TOLDRA-SIMATS A, ZINGALES L, 2013. Understanding trust[J]. The Economic Journal, 123(573): 1313-1332.

◎ SCHMIDT U, ZANK H, 2005. What is loss aversion?[J]. Journal of risk and uncertainty, 30(2): 157-167.

◎ SCHOENMAKERS S, HILBE C, BLASIUS B, et al., 2014. Sanctions as honest signals—the evolution of pool punishment by public sanctioning institutions[J]. Journal of Theoretical Biology, 356(100): 36-46.

◎ SEFTON M, SHUPP R, WALKER J M, 2007. The effect of rewards and sanctions in provision of public goods[J]. Economic inquiry, 45(4): 671-690.

◎ SEGAL U, SOBEL J, 2007. Tit for tat: Foundations of preferences for reciprocity in strategic settings[J]. Journal of Economic Theory, 136(1): 197-216.

◎ SHALEV J, 2002. Loss aversion and bargaining[J]. Theory and Decision, 52(3): 201-232.

◎ SHALEV J, 2000. Loss aversion equilibrium[J]. International Journal of Game Theory, 29: 269-287.

◎ SHALEV J, 2002. Loss aversion and bargaining[J]. Theory and Decision, 52(5): 201-232.

◎ SIGMUND K, DE SILVA H, TRAULSEN A, et al., 2010. Social learning promotes institutions for governing the commons[J]. Nature, 466(7308): 861-863.

◎ SIGMUND K, 2007. Punish or perish? Retaliation and collaboration among humans[J]. Trends in Ecology and Evolution, 22(11): 593-600.

◎ SMITH J M, 1982. Evolution and the theory of games[M]. Cambridge: Cambridge University Press.

◎ SMITH V L, SUCHHANEK G L, WILLIAMS A W, 1988. Bubbles, crashes, and endogenous expectations in experimental spot asset markets[J]. Econometrica, 56(5): 1119-1151.

◎ SONNEMANS J, SCHRAM A, OFFERMAN T, 1999. Strategic behavior in public good games: when partners drift apart[J]. Economics Letters, 62(1): 35-41.

◎ SZOLNOKI A, PERC M, SZABÓ G, et al., 2009. Impact of aging on the evolution of cooperation in the spatial prisoner's dilemma game[J]. Physical Review E, 80(2): 021901.

◎ SZOLNOKI A, PERC M, 2013. Effectiveness of conditional punishment for the evolution of public cooperation[J]. Journal of theoretical biology, 325(10): 34-41.

◎ TAKEUCHI K, TAKEMURA A, KUMON M, 2011. New procedures for testing whether stock price processes are martingales[J]. Computational Economics, 37: 67-88.

◎ TARNITA C E, TAUBES C H, NOWAK M A, 2013. Evolutionary construction by staying together and coming together[J]. Journal of theoretical biology, 320: 10-22.

◎ TAYLOR C, FUDENBERG D, SASAKI A, et al., 2004. Evolutionary game dynamics in finite populations[J]. Bulletin of mathematical biology, 66: 1621-1644.

◎ TESFATSION L, JUDD K L, 2006. Handbook of computational economics: agent-based computational economics[M]. Elsevier.

◎ THINYANE H, MILLIN J, 2011. An investigation into the use of intelligent systems for currency trading[J]. Computational Economics, 37: 363-374.

◎ TRAULSEN A, RÖHL T, MILINSKI M, 2012. An economic experiment reveals that humans prefer pool punishment to maintain the commons[J]. Proceedings of the Royal Society B: Biological Sciences, 279(1743): 3716-3721.

◎ TRIVERS R L, 1971. The evolution of reciprocal altruism[J]. Quarterly Review of Biology, 46(1): 35-57.

◎ TVERSKY A, KAHNEMAN D, 1991. Loss aversion in riskless choice: A reference-dependent model[J]. The quarterly journal of economics, 106(4): 1039-1061.

◎ TVERSKY A, KAHNEMAN D, 1992. Advances in prospect theory: Cumulative representation of uncertainty[J]. Journal of Risk and uncertainty, 5(4): 297-323.

◎ URDA J, LOCH C H, 2013. Social preferences and emotions as regulators of behavior in processes[J]. Journal of operations management, 31: 6-23.

◎ VASILAKIS G A, THEOFILATOS K A, GEORGOPOULOS E F, et al., 2013. A genetic programming approach for EUR/USD exchange rate forecasting and trading[J]. Computational economics, 42: 415-431.

◎ VEBLEN T, 1934. Essays in Our Changing Order[M].New York: Viking Press.

◎ WANG L, XIA C, WANG L, et al., 2013. An evolving Stag-Hunt game with elimination and reproduction on regular lattices[J]. Chaos, Solitons & Fractals, 56: 69-76.

◎ WANG X J, QUAN J, LIU W B, 2012. Evolution of cooperation in continuous prisoner's dilemma games on barabasi: Albert networks with degree-dependent guilt mechanism[J]. Communications in Theoretical Physics, 57(4): 897-903.

◎ WANG X T, JOHNSON J G, 2012. A tri-reference point theory of decision making under risk[J]. Journal of experimental psychology: general, 141(4): 743.

◎ GHANG W, NOWAK M A, 2015. Indirect reciprocity with optional interactions[J]. Journal of Theoretical Biology, 365(21): 1-11.

◎ WILSON B J, 2010. Social preferences aren't preferences[J]. Journal of Economic Behavior & Organization, 73(1): 77-82.

◎ WINGROVE R C, DAVIS R E, 2012. Manual-Control Analysis Applied to the Money Supply Control Task[J]. Computational Economics, 39: 99-111.

◎ WU Z X, XU X J, HUANG Z G, et al, 2006. Evolutionary prisoner's dilemma game with dynamic preferential selection[J]. Physical Review E, 74(2): 021107.

◎ XIA C Y, MA Z Q, WANG Z, et al, 2012. Evaluating fitness by integrating the highest payoff within the neighborhood promotes cooperation in social dilemmas[J]. Physica A: Statistical Mechanics and its Applications, 391(24): 6440-6447.

◎ XU B, LI M, DENG R, 2015. The evolution of cooperation in spatial prisoner's dilemma games with heterogeneous relationships[J]. Physica A Statistical Mechanics and Its Applications(424): 168-175.

◎ WU Z W, XU Z J, ZHANG L Z, 2014. Punishment Mechanism with Self-Adjusting Rules in Spatial Voluntary Public Goods Games[J]. Communications in Theoretical Physics, 62(5): 649-654.

◎ ZHOU Y, JIAO P R, ZHANG Q L, 2016. Second-party and third-party punishment in a public goods experiment[J]. Applied Economics Letters, 24(1): 1-4.

附　　录

一、行为科学实验附录

附录1　行为科学实验部分程序

```
zTree - [Public Goods Game Experiment(Corporate environmental investment).ztt]          —   □   ×
File  Edit  Treatment  Run  Tools  View  ?                                              _  ℰ  ×
Background
    globals
    table
    subjects
    summary
    contracts
    session
    globals.do {  ... }
        //creat groups
        i=1;
        repeat(i=i+1;
        subjects.do{rand=random();}
        subjects.do{rank=subjects.count(rand<=:rand);
        }
        }
        while(subjects.sum(Subject)!=subjects.sum(rank)&i<4);
        subjects.do{Group=roundup(rank/3,1);
        Tip=rank-(Group-1)*3;
        }
        repeat(i=i+1;
        subjects.do{rand=random();}
        subjects.do{rank=subjects.count(rand<=:rand);
        }
        }
```

附录2 个人信息问卷调查

个人信息问卷调查

您好!

非常感谢您能抽空参与本次问卷调查。此问卷为实验的个人信息情况填写,仅供我们实验数据测算的纯学术研究之用。本次调查采用匿名方式,请务必输入您的真实感受和真实信息。您的信息将会完全保密,填写完后将正式开始实验。衷心感谢您的支持!

1.您的计算机实验编号是:[填空题]

_____

2.您的年龄是:[填空题]

_____

3. 您现在就读的专业是：[填空题]

_____

4. 您的性别是：[单选题]

　　A. 男　　　　　B. 女

5. 您的年级是：[单选题]

　　A. 大一　　　　B. 大二　　　　C. 大三　　　　D. 大四

　　E. 研一　　　　F. 研二　　　　G. 研三

6. 您的学历是：[单选题]

　　A. 大学专科　　B. 大学本科　　C. 硕士研究生　　D. 博士研究生

7. 您的成绩在班级中的排名是：[单选题]

　　A. 前30%　　B. 30%~70%　　C. 大三

8. 您期望的最高教育是：[单选题]

　　A. 大学　　B. 本科　　C. 硕士　　D. 博士

9. 您父母的最高教育水平是：[单选题]

　　A. 小学　　B. 初中　　C. 高中 / 中专　　D. 大专

　　E. 本科　　F. 硕士　　G. 博士

10. 您的家庭月平均收入是：[单选题]

　　A. 3千元及以下　　B. 3千~6千元（含）　　C. 6千~1万元（含）

　　D. 1万~2万元（含）　　E. 2万元以上

11. 您的政治面貌是：[单选题]

　　A. 群众　　B. 共青团员　　C. 中共党员

12. 您是独生子女：[单选题]

　　A. 是　　　　B. 否

13. 您担任过或现担任学生干部：[单选题]

    A. 是   B. 否

14. 您有过教育贷款的经历：[单选题]

    A. 是   B. 否

15. 您有过兼职的经历：[单选题]

    A. 是   B. 否

16. 您有实验的经验：[单选题]

    A. 是   B. 否

17. 您参加过社团活动：[单选题]

    A. 是   B. 否

注意：为了保证实验的有效性，请勿在实验中与其他参与者进行交谈！

附录3　实验说明

实验说明

你所抽到的计算机编号为 _____ 号，请您到相应的位置就座。

◆ 请您在实验开始之前仔细阅读下面的实验注意事项及说明，充分理解
   实验说明有助于您在实验过程中做出决策。

实验前的注意事项：

1. 实验纪律：为了实验有序正常进行，请您听从实验员的统一安排，先不要动计算机。在机房您需要保持安静，不得与其他同学交流。在实验过程中，

如果您有什么问题，请抬起手，对于您所遇到的问题，我们会尽快为您解决。

2. 按实验结果比例兑换报酬：实验完成后，我们根据您的决策获得相应的实验收益，按照0.1元人民币/1万个实验币的比例将您在实验中所得的总收益兑换成人民币给您，比如若在实验完成后您总共获得150万个实验币收益，那您就会获得15元人民币，另外加上5元人民币的出场费，这样您就可以获得20元人民币。注意，实验过程中出现的收益是指您所得的实验收益。

3. 匿名性：在实验过程中，三人一组，没有人会知道对方是哪位同学。您在实验操作过程中是完全匿名的，他人无法知道您的决策是谁做出的，您也无法知道他人的决策是哪位同学做出的。

4. 隐私性：我们会对在本次实验中您的个人信息严格保密，同时也会对您的决策信息进行保密。在这整个过程中，因为您的名字或学号信息对于我们来说是完全不需要的，所以我们也不会向您索要。一旦完成实验，请您坐在原位暂时不要离开，稍等片刻我们会叫到您的计算机编号，您到实验员处会得到一份装有实验收益现金的信封，您的所得只有您一个人知道，其他人也无法知道您获得了多少的实验收益。

5. 注意事项：实验一开始您会拿到一份实验说明、一张草稿纸（如果有任何运算请在草稿纸上进行，务必保持实验说明的干净整洁）及一个铅笔，请在离开机房前把您在实验过程中所用的实验说明、草稿纸及铅笔交还，我们会给您一定的实验报酬。

实验由三部分组成：

第一部分：**个人信息问卷调查（保密）**。实验开始前我们需要您参与一份调查问卷以供我们进行纯学术研究使用，问卷中的个人信息将会完全保密，且他人无法同时知道这些信息和对应的人名。请务必认真思考后输入你的真实信息和想法，一旦输入将无法更改．

第二部分：**正式的两个实验任务**。通过问题测试后，您将进入正式的实验，在这一部分您将分别连续进行两个三人一组的实验，即 GAME 1，GAME 2并且按照我们给出的要求完成这两个实验博弈。每一个实验的说明我们都会另外在每一轮实验中的计算机屏幕上显示以方便您随时参考，具体实验博弈如下：

GAME 1为等资源型合作公共品博弈实验（ER_treatment）。在本实验中您会和另外两人随机分在一组，你们共同对企业环保投资公共项目进行投资决策，单个企业的能力不能完成此公共项目任务，只有当三人共同投资总额大于150时，公共项目成功后才能产生公共收益，企业环保投资公共项目的边际投资回报率为0.4。实验过程中，您会随机扮演企业决策者 A、企业决策者 B、企业决策者 C 中的任一角色，计算机分别给予企业决策者 A、企业决策者 B 和企业决策者 C 的初始资金为100个实验币，让三人分别决定这100个实验币中将投入多少到公共项目，所有被试对象填写投入公共项目的投资额后，系统自动判断本轮实验项目合作是否成功。比如实验中，企业决策者 A、企业决策者 B、企业决策者 C 分别投入公共项目的资源投资额依次为50、50、60，那么三人共同投资总额160大于150，本轮项目投资成功，企业决策者 A、企业决策者 B、企业决策者 C 的公共收益分别为64、64、64（计算公式为100-60+0.4×60=64），三家企业最终剩余资产依次为114、114、104。若企业决策者 A、企业决策者 B、企业决策者 C 本轮实验分别投入公共项目的投资额依次为50、50、40，有三人共同投资总额140小于150，本轮项目投资失败且无公共收益，三家企业剩余资产依次为50、50、60。该实验总共重复4轮，每轮实验开始时企业决策者 A、企业决策者 B、企业决策者 C 都由计算机重新给予100个实验币进行分配博弈。

备注：企业决策者 A、企业决策者 B、企业决策者 C 在作答完自己对公共项目的投入资金后，我们在实验平台设置了考察博弈方之间互动公平性的问题，计算机屏幕这个时候会显示"你希望对方的最少投入资金是？"这一问题，并让每个企业决策者输入回答。这个选项输入后不会显示在对方的计算机屏幕上，即同一组中的任何一个企业决策者并不知道组内其余二人期望对方的最少投入资金。

GAME 2为集中式惩罚公共品博弈实验（TP_treatment）。本实验在实验一的前提下，引入了集中式惩罚。在本实验中您依然会和另外两人随机分在一组，你们共同对企业环保投资公共项目进行投资决策，单个企业的能力不能完成此公共项目任务，只有当三人共同投资总额大于150时，公共项目成功后才能产生公共收益，企业环保投资公共项目的边际投资回报率为0.4。实验过程中，您会随机扮演企业决策者 A、企业决策者 B、企业决策者 C 中的任一角色，计算机分别给予企业决策者 A、企业决策者 B、企业决策者 C 的初始资金为100个实验币，让三人分别决定这100个实验币中将投入多少到公共项目中，所有被试对象填写投入公共项目的投资额后，系统自动判断本轮实验项目合作是否成功。

本实验分为两个阶段。第一阶段为投资阶段，即企业决策者 A、企业决策者 B、企业决策者 C 向公共项目投资；第二阶段为惩罚阶段，由实验平台自动进行惩罚，惩罚系数为0.2。若企业决策者 A、企业决策者 B、企业决策者 C 中任何一人在公共项目的资源投资率小于该组成员的平均资源投资率，则该企业决策者将受到惩罚，惩罚方式为他原有剩余资产减少0.2的比例。例如，本组中企业决策者 A、企业决策者 B、企业决策者 C 的初始禀赋分别为（100、100、100）。企业决策者 A、企业决策者 B、企业决策者 C 三人本轮投入公共项目的投资额分别为50、60、65，有三人共同投资总额175大于150，本轮项目投资成功。由于企业决策者 A 对公共项目的资源投资率50%低于该组中成员的平均资源投资率59%，企业决策者 A 将受到惩罚。企业决策者 B、企业决策者 C 对公共项目的资源投资率高于平均资源投资率，未受惩罚。企业决策者 A、企业决策者 B、企业决策者 C 投资后的原有剩余资产分别为121、111、104，惩罚执行后，企业决策者 A 在原有剩余资料121的基础上扣除惩罚额24（计算公式为121×0.2≈24），则企业决策者 A、企业决策者 B、企业决策者 C 最终剩余资产为97、111、104。

备注：企业决策者 A、企业决策者 B、企业决策者 C 在作答完自己对公共项目的投入资金后，我们在实验平台设置了考察博弈方之间互动公平性的问题，计算机屏幕这个时候会显示"你希望对方的最少投入资金是？"这一问题，并让每个企业决策者输入回答。这个选项输入后不会显示在对方的计算机屏幕上，即同一组中的任何一个企业决策者并不会知道组内其他二人期望对方的最少投入资金。

以上两个实验博弈请务必认真思考后输入你的决策，一旦输入将无法更改。

第三部分：获取实验所得现金。当您结束了我们上述三个部分后，您面前的电脑屏幕将会要求您输入您的计算机编号和您的实验感受及实验建议（输入实验感受和实验建议时请切换到中文输入法），在您输入完毕后计算机屏幕会显示您整个实验的收益所得总现金，请您坐在原位暂时不要离开，稍等片刻我们会叫到您的计算机编号并单独给您一个信封，在这个信封当中就是您本次实验的报酬，另外，这份报酬仅您一人知晓。之后，请把我们在实验开始前所给您的实验说明、草稿纸及铅笔交还给我们，全部完成后，您才可以离开。

二、计算机仿真实验附录

附录1　仿真参数描述

N —— 参与博弈样本数量（Number of Players），它是指区域内多个异质性企业组成的群体，初始规模给定后，在计算机仿真中其大小保持不变。

i —— 参与博弈的个体（Game Individual），它是指构成企业总数的每个企业基本单元。

$g_i(t)$ —— 合作成本（Cooperation Cost），它是指合作贡献者对集体合作行动的贡献。

ω —— 参与强度（Intensity of Participation），它是指企业参与环保投资合作成本 $g_i(t)$ 与上一轮博弈剩余总资产 $R_i(t)$ 之间的转换率，即企业投资的比例。

$R_i(t)$ —— 资产总额（Total Assets），它是指企业在博弈中可用于环保投资的资产数量。

$S_i(t)$ —— 策略选择（Strategic Choice），它是指集体行动时单个个体所做出的不同策略。即企业参与环保投资的策略选择记为 $S_i(t)=1$；其不参与环保投资的策略选择记为 $S_i(t)=0$。

C/D —— 不同博弈策略状态下的博弈者（Different Players），它是每个个体在做出策略选择后代表的不同身份，其中合作者（Cooperator）表示为 C，背叛者（Defector）表示为 D。

T —— 所有博弈样本投资总额（Total Investment of All Players），即每轮博弈后计算的所有企业环保投资的总数额。

t —— 博弈轮数（Game Rounds），它表示在计算机仿真实验中，企业环保投资合作的演化博弈进行的轮数。

$\beta(t)$ —— 成功系数（Success Factor），它是指第 t 轮博弈达成目标的成功系数，在企业环保投资合作的公共品博弈中，它是合作成功或失败的表现，决定了单个企业获得的收益 $E_i(t)$。如果 $\beta(t)=0$，表示合作失败，如果 $\beta(t)=1$，则表示合作成功。

r —— 协同系数（Multiplier of Collaboration），在仿真程序里以 RT 表示，它是企业投资环保合作产生的集体行动对合作投资 $\sum_{i=1}^{N}[g_i(t) \cdot S_i(t)]$ 的放大倍率（$r>1$），它表示 N 家企业合作取得的收益要超过 N 家企业单干所取得的收益总和。

$V_i(t)$ —— 惩罚额（Penalty），它表示选择非合作策略的企业受到集中式惩罚的损失。

α —— 惩罚力度（Punishment Intensity），惩罚额 $V_i(t)$ 会随惩罚力度 α 的上升而上升（$0<\alpha<1$）。

m —— 不合作次数（Number of Non-Cooperation），它表示在 t 轮博弈中企业选择不参与环保投资合作的次数。

M —— 集体行动收益（Collective Action Income），它是所有企业经历 t 轮演化博弈后的总收益之和，反映了企业共同参与环保投资合作的效果，M 值的变化也体现了改善生态环境的整体情况。

$P_i(t)$ —— 参考依赖策略更新概率（Reference Dependent Update Probability），它是在有参考依赖策略互动规则时，企业考虑个体参照点与过去参照点的共同影响下策略更新的概率。

$Z_i(t)$ —— 随机策略更新概率（Random Update Probability），它是在无参考依赖策略互动规则时，由计算机赋予的企业随机策略更新概率。

附录2　仿真实验部分程序

```cpp
#include <iostream>
#include <math.h>
#include<stdlib.h>
#include<time.h>
#include <cstdio>
#define random(x) (rand()%x)
using namespace std;
#define GoalRate 0.25
#define TotalT 15
#define x 0.5
#define y 0.5
#define RT 6
#define N 100
#define a 0.1


struct Member{
    double f;
    double rate;
    bool InvestRecord[TotalT];
    double InvestP[TotalT];
    double eForRound[TotalT];
};

Member MEM[N];
```

```cpp
bool SucRecord[TotalT];
int times=0;

void initMember(){
    for(int i=0;i<N;i++)
    {
        MEM[i].f=1;
        MEM[i].rate=0.5;
//      cout<<MEM[i].rate<<endl;
        for(int j=0;j<TotalT;j++)
        {
            MEM[i].InvestRecord[j]=false;
            MEM[i].InvestP[j]=0.5;
        }
    }
}


double totalF()
{
    double F=0;
    for(int i=0;i<N;i++)
    {
        F+=MEM[i].f;
    }
}
```

```
51          return F;
52     }
53
54  bool SimpleRun(int t){
55      double F=totalF();
56      double f=0;
57      for(int i=0;i<N;i++)
58      {
59          double r=(double)random(100)/100;
60  //        cout<<"r="<<r<<endl;
61          if(r<=0.5)
62          {
63              f+=MEM[i].f*MEM[i].rate;
64              MEM[i].f-=MEM[i].f*MEM[i].rate;
65              MEM[i].InvestRecord[t]=1;
66              MEM[i].eForRound[t]-=MEM[i].f*MEM[i].rate;
67          }
68          else
69          {
70              MEM[i].InvestRecord[t]=0;
71          }
72      }
73  //    cout<<"round:"<<t<<"    f="<<f<<";F="<<F<<endl;
74      if(f>=F*GoalRate)
75
```

```
76          times+=1;
77          double earnings=f*RT/N;
78          for(int i=0;i<N;i++)
79          {
80              if(MEM[i].InvestRecord[t]==1)
81              {
82                  MEM[i].f+=earnings/N;
83                  MEM[i].eForRound[t]=earnings/N;
84              }
85              else
86              {
87                  double m=0;
88                  for(int j=0;j<t;j++)
89                  {
90                      m+=(double)MEM[i].InvestRecord[j];
91                  }
92                  double v=a*((double)t-m+1)/((double)t+1)*MEM[i].f;
93                  MEM[i].f+=earnings-v;
94                  MEM[i].eForRound[t]=earnings/N-v;
95              }
96          }
97          return true;
98      }
99      else
100
```

```
iyl.cpp ☞ ✕
杂项文件                          ▼  (全局范围)                          ▼                               ▼  ♦
101              for(int i=0;i<N;i++)
102              {
103                  double m=0;
104                  for(int j=0;j<t;j++)
105                  {
106                      m+=(double)MEM[i].InvestRecord[j];
107                  }
108                  if(MEM[i].InvestRecord[t]==0)
109                  {
110                      MEM[i].f-=a*((double)t-m+1)/((double)t+1)*MEM[i].f;
111                      MEM[i].eForRound[t]=-a*((double)t-m+1)/((double)t+1)*MEM[i].f;
112                  }
113              }
114              return false;
115          }
116      }
117
118      ⊟bool AffectedRun(int t){
119          double F=totalF();
120          double f=0;
121          for(int i=0;i<N;i++)
122          {
123              if(t==0)
124              {
125                  MEM[i].InvestP[t]=0.5;
100 %  ▼     ⊘ 未找到相关问题        ◄ ▬▬▬▬▬                ►    行:1  字符:1    制表符    CRLF
```

```
iyl.cpp ☞ ✕
杂项文件                          ▼  (全局范围)                          ▼                               ▼  ♦
126              }
127              else
128              {
129                  double aff=0;
130                  for(int k=0;k<N;k++)
131                  {
132                      if(k==i)continue;
133                      double temp=1/(1+exp(MEM[i].eForRound[t-1]-MEM[k].eForRound[t-1]));
134                      aff+=temp;
135                  }
136                  MEM[i].InvestP[t]=x*aff/(N-1)+y*MEM[i].InvestP[t-1];
137  //              cout<<"第"<<t+1<<"轮, 客户"<<i<<"投资的概率："<<MEM[i].InvestP[t]<<endl;
138              }
139              double r=(double)random(100)/100;
140              if(r<=MEM[i].InvestP[t])
141              {
142                  f+=MEM[i].f*MEM[i].rate;
143                  MEM[i].f-=MEM[i].f*MEM[i].rate;
144                  MEM[i].InvestRecord[t]=1;
145                  MEM[i].eForRound[t]-=MEM[i].f*MEM[i].rate;
146              }
147              else
148              {
149                  MEM[i].InvestRecord[t]=0;
150              }
100 %  ▼     ⊘ 未找到相关问题        ◄ ▬▬▬▬▬                ►    行:1  字符:1    制表符    CRLF
```